裏・読書
手
キ

裏・読書

書を持って街に出よう

出かけるときに、僕は必ず本を持っていく。行く場所によって本のサイズや種類などを考えて持っていく。

デートみたいなものだ。その本と一緒に出掛けるのだ。

移動中の電車の中。ランチが運ばれてくる前のちょっとの時間。待ち合わせの空いた時間。トイレにこもっている時間。

一日の中で、ちょいちょい僕に言葉を掛けてくれる。
ふとした一行が僕を救ってくれる。
景色を明るくしてくれる。
心を自制させてくれる。

最近一番多く持ち歩いているのは西洋哲学史の本だ。もうかれこれ3カ月以上の付き合いだ。いっこうに読み終わる気配はないが、哲学者の難しい言葉が僕の悩みを小さくしてくれる。

昨日の寝る前は江國香織だ。優しく心地よく寝られる。

自宅のトイレには介護の本だ。仕事をする気になる。

いまこうやってパソコンをたたいている横にはヨーゼフ・ボイスの本だ。価値観が覆されて頭が切り替わる。

僕は家にある本の半分以上を読み切っていない。

友達と飲んでいて薦められた本をAmazonで買って、届いたときには「なんで発注したんだっけ?」と忘れている時もよくある。

3ページも読んでない本も沢山ある。

でも、暫くして、ふとした時に手に取って、ぺらぺらめくったら止まらなくなって最後まで読んでしまうこともある。

仕事とは全然関係ない本を読むことの方が多い。最近は手話の世界の本にハマって、色んな手話の本を読み漁っている。

本好きなんて言いながら太宰や夏目も大人になってから読んだ。いやむしろ、この書評連載を切っ掛けに沢山読めた。

読まなければいけない本なんてない。読むべき本なんてない。

読書って自分の心に一滴水を垂らすくらいの感覚でいいと思うんだ。

自由に本と付き合えば、こんなに心が自由になるんだ、って僕は思っている。

＊

小さい頃から僕はそこそこ勉強の出来る子だった。でも中学の国語のテストで壁にぶつかった。

答えがひとつしかないテストに納得がいかなかったのだ。

点数が伸びない国語が僕の成績の足を引っ張った。

不満が溜まった僕は、ある時先生に食って掛かった。

明らかに答えがいくつもある問題に関して、問題がおかしいと先生を問い詰めたのだ。

「自分が間違っていることを棚に上げて、問題の文句を言うな」半笑いで吐き捨てるように、そう言われて、鬱憤が溜まっていた僕は先生の胸倉をつかんでいた。

それ以来、国語の試験と向き合うことをやめた。国語の授業もまともに受けなくなった。

真剣に読み方なんて考えなくなった。自分の為だけに読書をするようになった。

（その弊害は大人になって表れた。正しく文章を解読する能力が低いのだ）

＊

読むべき本と言われる名作も、最近までほとんど読んでいなかった。年を重ねていって、自然と名作に手を出すようになっていた。

40歳を目前に控えたとある日の午後、夏目漱石の『こころ』を読んで驚いた。

何だ、この、男のマウンティング物語は？

いまの男性社会の悪いところが詰まっているじゃないか……。

これを中高生に読ませて、何を学んで貰おうと思うのだろうか。ふとページを閉じてかみしめたくなるような美しい言葉使いの文章なのに、登場人物の自分よがりの葛藤。こんなものをいつまでも国語の教科書に載せているから、日本の男はウジウジ狭いところで小競り合いを続けているのではないだろうか？

いいようのない違和感が噴出してきた。
そして、これが、本書を書く第一歩となった。

本書では、13の本を紹介した。
読み方は自由。全て僕が大好きな作品たちだ。
どこから読んでもらっても構わない。
明日からの毎日が、少しでも変わって見えれば望外の喜びだ。

CONTENTS

書を持って、街に出よう　2

1章
夏目漱石『こころ』　12
〝男のマウンティング小説〟が、いつまでも教科書に載っていていいのだろうか。

2章
村上春樹『ノルウェイの森』　30
女性が口説いた方がうまくいく世の中、これからの男の生き方とは。

3章
又吉直樹『火花』　54
本音なんてどうせ伝わらない。諦めの中に、どんな希望を見出すのか。

4章
吉野源三郎・羽賀翔一『漫画 君たちはどう生きるか』74
単なる「少年の成長物語」ではない。世の中の「揉め事」の難解さに思いを馳せる。

5章
俵万智『サラダ記念日』94
SNSの短い言葉にイラっとする前に、言葉の曖昧さを楽しみたい。

6章
乙武洋匡『五体不満足』116
この本の主役は彼自身ではない。障がい者と健常者という二元論の向こう側にあるもの。

7章
山田詠美『ぼくは勉強ができない』132
ムキになって成長を目指す前に、ありのままに身を委ねる「大人観」。

8章 平野啓一郎『マチネの終わりに』
大人の恋愛に学ぶ、役割分担の愛よりも「インテリ愛」。
156

9章 東野圭吾『容疑者Xの献身』
世界絶賛のトリックよりも気になってしまう、一方的な「女性観」。
176

10章 林真理子『野心のすすめ』
自分の身の丈を熟知し、楽しむ。僕が伝えたい「品性のすすめ」。
192

11章 川端康成『眠れる美女』
「一流」と「俺流」のふたつのモノサシで、「老い」について考える。
214

12章 太宰治『走れメロス』
メロスになれない僕たちが学べる「待つ力」とは。 236

13章 西原理恵子『ぼくんち』
痛々しくて優しい人たちが許しあうための、これからの「聖書」。 254

書を捨てよ、街に出よう 272

1章

夏目漱石『こころ』

〝男のマウンティング小説〟が、いつでも
教科書に載っていていいのだろうか。

あらすじ

『こころ』

ある日、鎌倉に海水浴に来ていた大学生の「私」は、「先生」と呼ばれる人物と出会う。先生は妻と暮らしながら、月に一度の友人の墓参りを欠かさない、謎めいた人物だった。先生と交流を深めるうちに、先生の背後にある秘密を知りたくなる私。そんなとき、私のもとに先生から手紙が届く。書かれていたのは、妻をめぐり親友「K」を裏切ることになった先生の過去だった。恋に破れたKを死に追いやり、罪の意識にさいなまれながら生きてきたのが先生なのであった。

１９１４年に岩波書店より刊行されて以来１００年以上、幅広い世代から支持を集め続ける夏目漱石の代表作の一つ。人間の根源的な葛藤を描く名作として１９５６年から国語の教科書にも採用されている。

著者

夏目漱石

１８６７年、江戸牛込（現在の東京都新宿区）生まれ。東京帝国大学英文科卒。愛媛県尋常中学、五高等で英語教師に就いたのち、英国に留学。帰国後、一高、東京帝大で教鞭をとる。１９０５年『吾輩は猫である』を発表。その後も次々と名作を生み、日本を代表する小説家の一人となった。１９１６年、胃潰瘍により死去。主な作品に『坊っちゃん』『三四郎』『こころ』など。

『こころ』の主人公は、終始「マウンティング」をしている。

夏目漱石の『こころ』は、人間の心の奥にある〝愛〟と〝友情〟の葛藤を描いた名作として知られています。国語の教科書で読んで心に残っているという人も多いでしょう。

確かに、人間関係の複雑さや生きることとの面倒さを描くストーリーは素晴らしいのですが、僕は登場人物のひとりである「先生」の、自己愛にまみれたマウンティングが気になってしまいました。

だから僕は、後輩ホストや若い人たちには、注意して『こころ』を読んでほしい、と思います。男性の友人や若い学生に妙に対抗心を燃やして、上から目線のマウンティングばかりする「先生」に共感しているようでは、今を生きる大人として、まずいんです。

さて、「マウンティング」という言葉に聞き馴染みがない方もいらっしゃるでしょうか。元々はサルのオス同士に見られる行為をあらわす言葉だそうですが、人間社会では一般的に、他者の存在を利用して自分を大きく見せようとする行為を指して使われます。

やたらと主導権を握ろうとしてきたり、知識を自慢したり、学歴や家柄をさりげなく主張したり……。相手の上に立とうと、〝自分アピール〟に余念のない人っていますよね。あなたの職場にもきっといると思います。

『こころ』を読むと、終始「先生」のマウンティング行為が続きます。しかも思いを寄せている（と自分では思っている）女性までも、マウンティングの「道具」として利用する。さすがに胸糞悪いやつだな、と思ってしまいます。

優越感を得るためだけに、女性にプロポーズする行為は許されるのか？

『こころ』の主人公は、大学生の「私」。ある日、鎌倉の海岸で謎の人物「先生」と出会うことからストーリーが始まります。

物静かな語り口に、どこか品の良さが見え隠れする「先生」の人柄に「私」は心惹かれ、会話を重ねていきます。

物語が急展開するのは、「先生」の唐突な自殺からです。衝撃的な死を遂げるのですが、「先生」は「私」に対して遺書を残していました。そこで「先生」の過去が初めて明らかになります。それは「先生」が生涯背負ってきた友情と恋、そして裏切りの告白でした――。

「先生」は、小説を通して、まじめなインテリ男性として描かれています。小説の語り手である「私」が相当尊敬しているのが、漱石の文体からも伝わってきますよね。「先生」の、世の中を達観しているようなまなざし、悲哀に満ちた言動、そして自殺……。かっこいい孤高の文化人のように感じる人も多いのではないでしょうか?

でも、ひとたび「先生」のマウンティング行為が気になりはじめると、孤高の文化人が残念なおじさんに見えてきます。

「先生」は、地方の名家に生まれたお坊ちゃんでした。両親を亡くしたあと、財産の管理を任せていた叔父の仕送りで、東京の高等学校に通うことになります。下宿先は未亡人の親子が住む家。そこにいた娘さんの「お嬢」に恋をします。生活を共にするうちに、「お嬢」と「先生」は〝いい感じ〟の間柄になるのですが、なかなか〝男女の仲〟にまでは発展しませんでした。

そこに登場するのが、「先生」と同郷で幼い頃から旧知の仲である親友の「K」です。

「K」は非常に優秀で、「先生」は「何をしてもKに及ばない」と思っていました。そして「先生」はある日、「K」が学費や生活費に困っていることを知り、自分の下宿先に彼を誘います。

一目置いている友人を、自分の計らいで救う。これも「先生」のマウンティングのように思えます。お前のことを助けてやった俺の方が偉いだろ、とでも言いたげです。ちょっと皮肉っぽすぎる読み方かもしれませんが……。

「K」は真面目でストイックな青年です。下宿生活の中で、「お嬢」への恋心を持ち始めると、苦悩を重ねた末に、自分の気持ちを、信頼している「先生」に打ち明けます。「K」は、恋をしてしまった自分に戸惑い、悩んでいたのでしょう。

これを聞いて、「しまった、先を越された」と思ったのは「先生」です。そして、「K」に負けたくない「先生」は何とも信じられない行動にでます。「お嬢」の母親に「娘さんをください」と結婚を申し込み、「K」が好きな人を勝手に奪いに行くのです。

「先生」と「お嬢」の婚約はあっさり成立。それを知った「K」は、なんと自殺をしてしまいます。信頼していた「先生」に「お嬢」を奪われたことがショックだったに違いありません……。

「K」に勝つことで自己満足を得たいという「先生」のマウンティングが、真面目でピュアな「K」の命を奪ったと言っても過言ではありません。

生活に困っていた「K」を下宿に招き入れて優越感を覚えるだけでは飽き足らず、今度は「K」の恋心を打ち砕くことでさらなるマウンティングを繰り返した「先生」。とにかく相手より優位に立とうとする嫌らしい気持ちが見え隠れしていますよね。

もちろん、本気で「お嬢」に恋をしていたのだとしたら、良いんです。恋にライバルは付きものだし、友人と同じ人を好きになることだってある。ただ、僕は「先生」の中に、真の恋愛感情があったとは思えないんです。

親友が想いを寄せる女性を先に〝手に入れる〟ことで、自分の立場が上であることを見せつけたかっただけなのではないでしょうか。「先生」は、「お嬢」をマウンティングの道具として利用し、「K」を悔しがらせるためだけに婚約を申し込んだのだと、僕は思います。恋心ではない、くだらない見栄に過ぎません……。

「マウンティング」のために自殺までしてしまう。

『こころ』の時代設定は、明治の終わりの頃。明治天皇の崩御によって、時代が大きな転換を迎え、天皇の葬儀の日の夜、後を追うように陸軍大将伯爵の乃木希典《まれすけ》と妻の静子が自殺をしました。

こうした背景は物語の中にも入り込んできており、「先生」は遺書にこんなことを残していました。

「私に乃木さんが死んだ理由がよく解《わか》らないように、あなたにも私の自殺する訳が明らかに呑《の》み込めないかも知れません」

乃木大将の自死には多くの議論がありますが、少なくとも『こころ』の中の「先生」は乃木大将に象徴される自死を〝ブーム〟と捉えて、それに乗っかっていたのではないでしょうか。乃木大将には、忠義や義理などといった、〝かっこいい〟日本人男性のイメージがあります。それを自分にもちゃっかり投影させようとしているように思うのです。

「先生」は、ブームの先頭を走る自分を学生である「私」に見せつけ、「俺はイケてるだろう？」といった具合にマウンティングしたのではないでしょうか。

「二、三日して、私はとうとう自殺する決心をした」とも記されていますが、「先生」が死をあまりにフランクに捉えているのが伝わりますよね。

「君のため」と言ってくる。知識を延々とひけらかす。職場のマウンティングに要注意。

ここまで読んでみて、僕の『こころ』に対する読み方は「極端過ぎではないか」「ひねくれている」と思う人がいるかもしれません。

でも「先生」のようなインテリな男性って、マウンティングをよくする生き物な気がします。ライバルや嫌いな相手、自分の近しい人に対して「俺の方が上だ」と見せつけるためなら何でもやってしまう時もある。

まあ、たしかに自殺はやり過ぎかもしれません。でも極端なマウンティング行為は、仕事ができる人にも、よく見られる現象です。「世の中のため」とか「会社の利益のため」と言って働いている人は要注意。「君のため」と言って来る人はもっと要注意。本当は誰かをマウンティングするためだったりしますから。

最近は、職場の女性にマウンティングする男性も多いと聞きます。女性の社会進出が広がり、女性の上司を持つ男性部下も一般的になりましたよね。当然ですが、能力に性差は関係ありません。それでも、男性は自分の優位性を確保しようとしがち。

同僚の女性の方が仕事ができると知ると、急に焦って、自分の知識を延々とひけらかしてくる男性っていませんか？　長いメールを送ってきて女性に「助言」をしてくる人もいるそうです。僕には女性を助けようとしているのではなく、男性である自分の力を誇示したいだけのように感じます。

この時代になっても、当たり前のように女性を「下」に見ている男性はまだまだ多い、というのが僕の実感ですね。

自分の地位が脅かされていることを何となく感じながら、焦りや自己顕示欲など様々な感情がうずまくのでしょう。そんな自分の複雑な気持ちを、女性にマウンティングすることで全部解消しようとしているのではないでしょうか。

『こころ』が教科書から消える日、僕たちは新しいジェンダー観を手に入れる。

1914年に『こころ』が発表された大正時代から、とっくに100年以上が経っています。現代の男性読者がこの作品を読んで、「人間の葛藤や、友情と愛を描いた名作」という教科書的な一面でしか捉えていなかったとしたら、危ない。

時には、女性を道具として扱い、周りの人たちを下に見るマウンティング行為が描かれているのではないか、という「裏の読み方」をしてみると多くの気づきがありますよ。

なぜ僕がここまで警戒して『こころ』を読むのか。正直に告白しますが、僕の働くホストクラブのビジネスモデルも、「男性中心社会」という前提の上に成り立っている部分があるからです。

もちろん、ホストクラブは主に女性に楽しんでもらう場所で、ホストは誠心誠意、お客様に接しています。女性を軽んじたりするはずはありません。

誤解を恐れずにいうと、女性にとってそれが快感なのは、日常生活でまだまだ男性から「下」に見られて辛い思いをしているからではないでしょうか。女性のお客様をしっかりもてなし、ホストクラブという非日常空間の中だけでも、女性が男性より「上」の立場に立っているような「演出」をしています。

ホストクラブの名物に「ランキングシステム」というものがあります。女性客は自分が推している（お気に入りの）ホストのランクが上がるように尽くします。ホストを指名したり、お酒を頼んだりすることで、ホストの売上が上がりランキングに反映されるんですね。男性のためにお金を使う気持ち良さは、普段、職場や家庭で感じている性差の裏返しのようなものだとも思うのです。

でも僕はいつか、このシステムをやめたい。僕の理想は、ホストクラブをもっと男女が対等な立場の上で、さらに女性が非日常を楽しめる場所にすることです。普段の生活で、性差がなければ、男性の「上手」に立ったり、競争させたりすることは、さして快感にはならないですよね。

売上の締め日直前に、女性が「自分の男」を勝たせるために次々にお金をつぎ込む場所ではなく、女性が、翌日からの仕事の活力をもらうと同時に、ホストも別の業界や会社のことを学んで視野が広がる。そういう場所にホストクラブがなれば良いな、と思います。

『こころ』が教科書から消えて、ホストクラブが今の競争システムをやめる。男性がマウンティング中心の男社会の夢から覚めて、女性を対等な存在として認識する。そんな社会が実現した時、日本人はもっと健全で新しいジェンダー観を手に入れているのではないでしょうか。

『こころ』は不朽の名作です。その上で、ある意味で『こころ』の賞味期限が切れている、ということを僕たちは自覚しなければならない時にきています。歌舞伎や落語みたいに「大昔のおとぎ話」として距離感を持って楽しめばいいのであって、「俺にも『先生』みたいなところがあるなぁ」なんて共鳴している場合では、もうないと思うんです。

男同士のマウンティングに巻き込まれないで。

そして最後に、今を生きる女性のみなさんにお伝えしたいです。どうか男同士のマウンティングに巻き込まれないでください。

『こころ』の中の「お嬢」は最終的には先生の妻になりました。ただ、どこか淋しさもただよいますよね。気むずかしそうな「先生」との二人暮らし。「先生」は始終「私は淋しい人間です」と口にするような人です。心の底では何を考えているか分からないうえ、「K」のことについてもウソを貫き通している。挙げ句の果てには自殺をしてしまう。

本当に「お嬢」は「先生」に愛されていたと言えるのでしょうか。

「先生」が「お嬢」を愛していたのなら、彼女一人を残して自殺なんてできないと僕は思います。

自分のことを一生懸命に愛してくれているように見えても、あなたの身近にいる男性の実態は単なる「マウンティング男」の可能性があります。どうか、目の前の相手にフェアに接し、純粋な気持ちで向き合っている人なのかどうか、見極めてください。

2章

村上春樹『ノルウェイの森』

女性が口説いた方がうまくいく世の中、
これからの男の生き方とは。

あらすじ

『ノルウェイの森』

37歳の僕（ワタナベトオル）がハンブルク空港に着陸しようとする飛行機の中で、学生時代を回想するところから物語ははじまる。

ワタナベは、高校の頃に親友のキヅキを自殺という形でうしなった過去をもつ。キヅキの恋人であった直子とは、3人でよく遊んでいた間柄だったが、疎遠な日々が続いていた。

大学生になったワタナベは、1年ぶりに直子と再会。2人はデートを重ねるようになる。しかし、キヅキを亡くした心の傷とうまく折り合いのつかない直子は、精神に変調をきたし、やがて京都にある精神病の療養所に入る。直子を想い、待つワタナベと、彼を取り巻く同世代の若者たちの青春の物語。

1987年、講談社より出版。1年間で270万部を売り上げ、この作品をきっかけに村上春樹の名が一気に世の中に知れ渡った。2009年には累計1000万部を突破。欧米、アジアの各国で翻訳され海外のファンも多い。

著者

村上春樹

1949年、京都府生まれ。早稲田大学第一文学部卒。1979年、『風の歌を聴け』で群像新人文学賞を受賞し、小説家としてデビューする。現在に至るまで非常に高い人気をもつ作家。また、作品は世界各国で翻訳されている。主な作品に『ノルウェイの森』『世界の終りとハードボイルド・ワンダーランド』『海辺のカフカ』など。

『ノルウェイの森』は現代を生きる全ての男性が読むべきバイブル。

村上春樹さんの『ノルウェイの森』はすべてのホストが読むべき、バイブルのような本です。主人公のワタナベのような男性でなければ、歌舞伎町でホストとして生き残ることはできません。部下のホストたちにも「読んで研究しろ」といって手渡しています。

村上春樹さん自身の強いこだわりで採用されたという緑と赤の装丁は、まるで深い雪に包まれたクリスマスの贈り物のようです。「一〇〇パーセントの恋愛小説!!」というキャッチコピーとともに『ノルウェイの森』は１９８７年に出版されました。

物語は、飛行機に搭乗していた37歳の主人公・ワタナベが大学生の頃を回想し、当時の記憶に思いを巡らせるところから始まります。機内に流れているのはビートルズのナンバー、「ノルウェーの森」。音楽に耳を奪われたかと思うと、急速に過去に記憶を引き戻され、舞台は1969年、大学生のワタナベの青春時代へ。青年・ワタナベが、自殺した親友のキヅキやその恋人の直子、そのほかの知人たちとの交流を通して、愛や死と向き合う物語です。恋愛小説でありながら、登場人物の多くが自殺を選ぶなど、ただならぬ喪失感が作品全体に漂っています。

誰かを愛するということ、誰かに愛されるということ、そしてただ生きていくというだけのことが、なぜこうまで簡単ではないのだろうか。ワタナベは、死んでいく大切な人たちを前に、えも言われぬ虚無感を抱えながら、どこか諦めの視線で世界を見つめています。

「圧倒的に、自分は無力だ」と自覚した者だけがもつことのできる〝受け身のスタンス〟。とても逆説的ではありますが、これこそがワタナベの〝モテ男〟の源であり、僕がすべてのホストたちに学んで欲しいポイントなんです。

あれこれ言葉を尽くすのではなく、「受け身」のスタンスで相手をうけとめよう。

物語には色んなタイプの女性が登場しますが、ワタナベの態度は基本的に一貫して〝受け身のスタンス〟です。相手を否定も肯定もしないし、答えも求めません。「ふーん」「へぇ」「やれやれ」といった相づちや、回りくどい言葉を多用し、特に何も言っていないのに会話を成立させてしまう。どんな女性に対しても「所詮、自分は彼女の生きる意味にはなれない」と諦めている感じがあります。

親友キヅキの幼馴染で恋人だった直子。直子はキヅキのことが好きなのに、性愛を感じることができず、キヅキは自殺してしまいます。彼の自殺を気に病みながら日々を過ごしていた直子はやがて、大学生になったワタナベと再会し、恋愛に似た関係になります。

ワタナベと直子との会話のハイライトは、こんなシーンではないでしょうか。


「ねえワタナベ君、私のこと好き？」

「もちろん」と僕は答えた。

「じゃあ私のおねがいをふたつ聞いてくれる？」

「みっつ聞くよ」

直子は笑って首を振った。「ふたつでいいのよ。ふたつで十分。ひとつはね、あなたがこうして会いに来てくれたことに対して私はすごく感謝してるんだということをわかってほしいの。とても嬉しいし、とても――救われるのよ。もしたとえそう見えなかったとしても、そうなのよ」

「また会いにくるよ」と僕は言った。「もうひとつは？」

「私のことを覚えていてほしいの。私が存在し、こうしてあなたのとなりにいたことをずっと覚えていてくれる？」

「もちろんずっと覚えているよ」と僕は答えた。

彼女はそのまま何も言わずに先に立って歩きはじめた。

ワタナベの受け答え、どうでしょうか。

キヅキの自殺以来、直子は常に「死」とともに生き、直観的に、自分の存在をどこか危ういもののように感じています。だからワタナベに、自分のことを「覚えておいて」と伝える。とても長い長いセンテンスで。それに対してワタナベの返事はとってもシンプルで、「もちろん」のひとことです。彼は直子の抱える孤独に、言葉であれこれ立ち入ろうとしません。直子の気持ちをただ受け止めるだけなんですね。

相手との適切な距離をつくるユーモラスな表現。
「春の熊くらい好きだよ」

直子が憂いをおびた「陰」のキャラクターだとすると、物語には「陽」のキャラクターも登場します。ワタナベの大学の同窓生、緑です。緑は快活で天真爛漫。彼氏がいてもワタナベに好意を平気で伝えますし、とにかくあっけらかんとした女性です。

ただし、緑もまた、瀕死状態の父親を看病し、やがて亡くしてしまうという点では「死」に隣接した存在。自分が愛されていることを確かめたがる緑に対してワタナベは、完璧な距離感で応じます。


「ねえ、ねえ、ねえ、何か言ってよ」と緑が僕の胸に顔を埋めたまま言った。

「どんなこと？」

「なんだっていいわよ。私が気持良くなるようなこと」

「すごく可愛いよ」

「ミドリ」と彼女は言った。「名前つけて言って」

「すごく可愛いよ、ミドリ」と僕は言いなおした。

「すごくってどれくらい？」

「山が崩れて海が干上がるくらい可愛い」

緑は顔を上げて僕を見た。「あなたって表現がユニークねえ」

「君にそう言われると心が和むね」と僕は笑って言った。

「もっと素敵なこと言って」

「君が大好きだよ、ミドリ」

「どれくらい好き？」

「春の熊くらい好きだよ」

「春の熊？」と緑がまた顔を上げた。「それ何よ、春の熊って？」

「春の野原を君が一人で歩いているとね、向うからビロードみたいな毛なみの目のくりっとした可愛い子熊がやってくるんだ。そして君にこう言うんだよ。『今日は、お嬢さん、僕と一緒に転がりっこしませんか』って言うんだ。そして君と子熊で抱きあってクローバーの茂った丘の斜面をころころと転がって一日中遊ぶんだ。そういうのって素敵だろ？」


さて、緑に接するワタナベはどうでしょう。

「春の熊」って、なかなか普通の人のボキャブラリーにはない言葉ですよね。僕も一度くらいは言ってみたい（笑）。もはやキザを超えて、ファンタジーです。ワタナベは、相手が想像もしていないような突飛な返事をすることで、言葉にリアリティが出るのを巧みに避けているのだと思います。皮肉かもしれませんが、こうした距離感が不思議と相手を安心させることがあります。安易に踏み込んでこない人の方が信用できるというか……。実際、緑もワタナベの〝術中〟にはまり、次々と自分の思いを口にしてしまっています。

直子とワタナベ、緑とワタナベ、他の女性とワタナベ……。一貫しているのはワタナベの軽やかすぎる〝受け身スタンス〟です。

ホストとお客様との会話も、この〝受け身〟がすごく大事なんです。「へー」「そうなんだー」といった一見「受け流し」にさえ感じられる言葉も、スムーズな会話をする上では、とても重要です。ホストクラブでは、とにかく主役はお客様なんです。僕たちの力量はいつだって、「何を話すか?」ではなく「何を話していただくか?」で測られます。

例えば、「私、職場でこんなひどいことがあった」と愚痴るお客様がいたとします。ホストはそれに対して「原因はどこにあるんだろう?」とか「こうすれば解決できるんじゃない?」などとは絶対言ってはいけません。「え、マジで? 超むかつくじゃん」「わかる、わかる」――この打ち返しがホストに求められていること。誰かの問題を解決するなんておこがましい。できるのはただ受け止めることだけ。こういう心構えでお客様と接しているか否かは、ホストを「一流」と「それ以外」に分けますね。

僕は高校生の頃、村上春樹さんの書く人物たちにすごく憧れていました。ワタナベもその一人です。ワタナベを自分に投影して、悩んでみたりしたし、「つまりそれは、こういうことで」「という解釈もできるね」なんて、結論をぼやかすワタナベの口ぶりを真似したりしていました。当時はうまく言葉にできていなかったけれど、相手から自然と本心を引き出してしまうような受身の姿勢に、強く惹かれていたのだと思います。

受身というと消極的な印象かもしれませんが、相手の心の中に小さなクエスチョンを残すということなんですね。非常に高等なテクニックです。30年経って、まさか職業としてワタナベを手本にすることになるとは思いもしませんでしたが……！

諦めが肝心。女性を「コントロール」できるはずがないのだから。

ワタナベが一流ホストであるもう一つの大きな理由は、切り替えが早いところです。

物語の終盤で、ワタナベが緑から別れの手紙をもらうシーンがあります。直子を切り捨てることもできず、緑に手を差し伸べることもできない。いつまでも煮え切らないワタナベに対して緑は、「あなたは鉄板みたいに無神経です。さよなら」と伝えます。これはホスト業界では〝あるある〟の痛恨のミスですね。心ここにあらずな状態がバレてしまったんです。

そんなワタナベに緑はだめ押しの追伸（P.S.）を添えます。「この次教室で会っても話しかけないで下さい」。

さて、こんな手紙をもらったら世の男性たちはどんな風に反応しますか？　焦ってとにかく緑に謝ろうと、彼女を追いかけてしまうのではないでしょうか。

しかし、ワタナベはさすが超一流ホスト（に並ぶモテ力）。緑に固執せず、別の女性である直子に手紙を書き始めます。なんと素早いフォーカスチェンジ。

「オイ、緑はどうしたんだ！」というツッコミも入りそうな変わり身の早い言動は、ただの心無いプレイボーイのそれでしょうか。僕は違うと思います。ホストの世界でも、この諦めと素早い切り替えが肝心なんです。

ホストって、女性から愛されまくる仕事と思われるかもしれないのですが、実態は「フラれまくる仕事」なんです。いつも女性から選ばれてちやほやされると思ったら大間違いです。どんなに人気のあるホストでも10回に9回は指名されずにフラれます。後輩ホストや、自分より売れていないホストのヘルプに入ることだってたびたびです。

フラれてもフラれても己を奮い立たせて次のテーブルにつく。選ばれなかったたびにプライドを傷つけていたら仕事にならないので、自然と、切り替える癖がついていきます。ある種、フラれてしまうことに関して、感覚を麻痺させているともいえます。選ぶのは常にお客様の方、だからフラれて当たり前。そういう感覚が身にしみついています。

怒らせてしまった緑に執着しないで、直子に手紙を書く。僕には、その時のワタナベの心境がありありと想像できます。自分なんかに、女性の気持ちをコントロールできるはずがない、自分なんかが、女性の気持ちを100％理解しているはずがない――ワタナベは全ての女性にひれ伏し、降伏しているような気がするんです。それは僕たちホストが、すべての女性に対して白旗をあげてお出迎えするのと同じ心持ちなのだと思います。

決して「一番」になろうとしない。常に一番を「補う存在」でいるズルさ。

ワタナベを、一流ホストだと思う理由は他にもあります。彼がいつだって「誰かの一番」になろうとしない点です。ワタナベは常に誰かが「無くしているピース」を埋める存在に終始します。例えば、直子。彼女はキヅキを亡くした喪失感で胸にぽっかり穴があいていますが、ワタナベという存在がそこを埋めようとするんですね。緑もそう。父親を亡くしたり、あるいは交際している彼氏に対等に扱われていなかったりして虚無感を味わっている。

物語には、東大生で遊び人の「永沢さん」という先輩が登場します。女性を次々に口説き、一夜限りの肉体関係を繰り返す永沢さんですが、ハツミさんという彼女がちゃんといる。ワタナベは、ハツミさんにとっても、遊び人の彼氏に対する寂しさを埋める存在として懐に入り込みます。どういうわけか永沢さんもそんな三人の関係を居心地よく思っていて、「お前がいてくれた方が楽なんだよ」とワタナベに声をかけたりします。

誰かの代わりとしてそっと寄り添うワタナベ。でも決して、一番になろうとはしない。誰かと1対1で向き合うことは、覚悟がなければ重荷でしかありません。だって、たった一人の存在になってしまったら、今度はそれを維持するフェーズに入らざるをえない。

たった一人の「一番」になるよりも、一番を補う存在の方がオイシイんですよね。いやぁ本当に、ワタナベはナチュラルボーンでカリスマホストの才があります。究極のモテ男ですね。

#MeTooによって、世界が変わり始めた。ワタナベは一つのロールモデルなのではないか。

さて『ノルウェイの森』が刊行されて、30年以上が経ちました。僕たちは、かなり歳をとったし、この社会の恋愛観や結婚観もかなりダイナミックに変化してきたと思います。

でも、今読み返してもワタナベという男性は全然古びない。それどころか、ホストや水商売に携わる人たちだけでなく、今を生きる男性たちみんなに大きなヒントを与える気がするんです。それは「モテ」についてだけではありません。

今、僕たちは、大きな時代の岐路に立たされています。それは、「男性」「女性」のあり方を改めて考えなくてはならない時期にきたということです。

２０１７年、アメリカのハリウッドスターたちの告発をきっかけに、世界中の女性たちが過去に受けた性暴力やハラスメントを相次いで告発する「ＭｅＴｏｏムーブメント」が起こりました。長い歴史の中で蓄積してきた女性たちの苦しみ。それが、性差別発言を繰り返しながらもアメリカ大統領として君臨し続けているトランプ氏の存在で爆発したとも言われています。

２０１７年、２０１８年に開かれた「アカデミー賞」「グラミー賞」などの授賞パーティーでは、数多くの俳優、女優が全身黒い衣装に身を包んで登場しました。喪服にも似たその佇まいは、「ＭｅＴｏｏで立ち上がった人たちを支持します、決して私たちは権力に屈しません」、そんな意志の表れでした。

黙っておいた方が賢明なのかもしれないけれど、自分より若い世代の女性たちがまた同じ苦しみを味わわないために……。そんな思いで声をあげた女性も多くいただろうと想像します。

セクハラや性暴力は犯罪ですし、絶対に許されることではありません。

しかし、権力を持っている男性が地位を悪用して行われるハラスメントがいまだに存在するのも事実です。性欲を満たすだけでなく、自分の力を誇示するために性的関係を強要するパターンもあり、絶望を感じるほどです。こうした積年の膿がいま、少しずつ出始めているのだと思います。それも氷山の一角でしかないでしょう。

翻って日本に目を向けてみましょう。世界経済フォーラムという国際機関が発表している、男女格差を示す「ジェンダー・ギャップ指数」で、日本は149カ国中110位（2018年）というお粗末な結果でした。

収入の男女格差が大きい、企業における女性管理職の割合が低い、など世界から後れをとっているのです。世界有数の経済大国でありながら、ビリから数えた方が早いという残念な順位です。まだまだ男性が権力の多くを握っているということが数字的にも明らかになりました。

MeTooムーブメント、ジェンダー・ギャップ指数110位、と近年は日本の男性がジェンダーについて改めて大きな問いを突きつけられています。

一方で、男性の中には、「突然、何が起きたんだ?」と面食らった人もいるのではないでしょうか。

女性の立場からすると決して「突然」でも「唐突」でもないことですが、男性の側からすると、急に生きにくい世の中になった感覚があるかもしれません。

ハラスメントと言われる行為の中には、最初は純粋な恋愛感情だったものが、セクハラやデートDVなどに変容してしまったものもあるでしょう。スマホが普及して、男女がLINEなどで簡単に親密なコミュニケーションを取りやすくなってしまったため、距離感を間違えて取り返しのつかない傷つけ方をしてしまうこともあります。

そうした経験に、ほんの少しでも身に覚えがある男性なら、MeTooムーブメントに背筋が寒くなる思いがしたかもしれません。僕の周りにも、「これじゃ男は何もできない」と嘆いている人もいました。

でも、果たしてそうでしょうか。男は本当に何もできないんでしょうか？

男性は、一旦口説くのをやめよう。そして、女性の言葉を待ってみよう。

僕は、男性のみなさんに提案したい。「みんな、『ノルウェイの森』のワタナベに学ぼう」と。ワタナベのように、〝受身のスタンス〟で、女性の言葉を待てる男性になりましょう。

たとえば一旦、「日本の男性は、女性を口説くのを禁止」という風にしてみるのはどうでしょうか。

男性は一旦女性を口説くのをやめて、女性が口説いてくれるのをじっと待つ。女性からのLINEや、女性から「家に来ない？」と誘われるのを待ってみる。

当然、簡単なことではありません。「何もアクションしなくても女性からアプローチしてきてくれるなら苦労しないんだよ」という男性からの反論も聞こえてきそうです。でも、男性たちが「せーの」で何か極端なことをしない限り、この男女における権力構造は変わりません。純愛の可能性を探るより、とにかくセクハラを撲滅し、女性と男性が対等なフィールドに立つことが先決。そのために、一旦全部STOPです。

僕は、ワタナベが受身を貫くのは、自分の無力さを自覚しているからだと言いました。今、日本の男性たちに求められているのは、この「無力さの自覚」ではないでしょうか。相手を本当にリスペクトし、相手に「主体性」を認めているからこそ、「自分は無力だ」と白旗をあげることができる。この潔い白旗をみんなであげようではありませんか。

僕は20年間、ホストとして女性客を相手にする商売をしてきました。世間一般の男性よりも、女性の心のうちを深く理解しているつもりでした。それでも、ジェンダーに関する本などを読んで勉強するまで、自分が男であることでどれだけ得をしてきたか、まったくといっていいほど無自覚だったことに気づきました。人間は往々にして「持っているもの」「得していること」には無自覚なものですよね。

そして今、ふと思うのです。

これまで女性部下がニコニコ受け答えていてくれたのは、「求められている女性部下像」を演じてくれていたのかもしれない。「ごちそうさまでした」と奢られていた女友達は、「求められている可愛いツレの女性像」を必死に探していたのかもしれない。もしかしたら無理をして、社会が要請する「女性とはこうあるものだ」という姿に合わせてくれていたのかもしれない。

今こそ、男が変わる番です。まずは「口説かれるのを待つ」ことで、女性の中に本来ある主体性を引き出しましょう。女性だろうが男性だろうが、はっきりした思いがあるときは、自分で会話をコントロールして自分の意志を伝えるものです。

僕は、もっと女性が主導権を握る会話を日本社会で増やしたい。女性があれこれ工夫して、男性を〝落とす〟のが当たり前になったら、女性はもう新しい人種と呼んでもいいぐらい、別の生き方を手に入れると思います。

不必要に「にっこり」笑顔を振りまくこともないでしょう。好きな人にだけ、勝負の瞬間だけに、その表情は取っておく。そんな〝ネオ・ウーマン〟がいきいきと活躍する社会になったとき、ワタナベの回りくどいセリフをまた、一つ一つ噛みしめて読みたい。僕は1987年のベストセラーを片手に、そんなことを思っています。

3章

又吉直樹『火花』

本音なんてどうせ伝わらない。諦めの中に、どんな希望を見出すのか。

あらすじ

『火花』

売れないお笑い芸人の徳永は、熱海の花火大会で先輩芸人の神谷と衝撃的な出会いを果たす。「弟子入りさせてほしい」と願い出る徳永に対し、神谷は自分の伝記を書くことを条件にそれを了承する。

笑いとは何か？　面白いとは何か？　「売れる」とは何か――。

ともに過ごす時間の中で、2人はこうした問いと向き合っていく。そしてやがて、それぞれ別の道を選ぶことになるのだった。

2015年『文學界』に掲載され、反響を呼ぶ。その後、3月に文藝春秋から単行本として出版。同年、第153回芥川賞を受賞。人気お笑い芸人の芥川賞受賞は大きな話題となり、累計発行部数300万部を超える大ベストセラーに。「2015ユーキャン新語・流行語大賞」にもタイトルの「火花」がノミネートされた。

著者

又吉直樹

1980年、大阪府生まれ。2003年より、お笑い芸人コンビ「ピース」として活動。2015年『火花』で小説家としてデビュー。同作で第153回芥川賞を受賞。主な作品に『第2図書係補佐』『東京百景』『劇場』などがある。

お笑い芸人とホストは似ている？

お笑いコンビ「ピース」の又吉直樹さんが芥川賞を受賞した作品『火花』。本物のお笑い芸人が、お笑い芸人を描いたとあってリアリティがあり、僕たち一般人が普段垣間見ることのない芸人世界の裏側をのぞき見するような独特の高揚感がありました。「笑いを取りたい！　売れたい！」と必死にもがく彼らの姿は、日々、売上ランキングに翻弄されながらも、オリジナリティを模索している若いホストたちにとっても、救われる部分があるだろうと思います。

物語の「語り部」である徳永は、「スパークス」というお笑いコンビを組んでいます。売れるためには、自分たちの信じるお笑いをひたむきに続けるだけじゃダメ。世間から求められているネタは何か？　逆に、時流を読むと避けた方がいい話題は何か？　と、常に世の中の目を意識しながら試行錯誤を続けます。

徳永をはじめとするお笑い芸人たちが気にしないといけないのは〝お茶の間〟だけではありません。事務所の関係者や、テレビ局のスタッフとうまく付き合い、「使い勝手の良い奴」と思われなくてはならない。物語では、迷いながらも「賞レース」や「ひな壇番組」に食らいつき、スターへの階段をなんとか上ろうとする徳永の様子が描かれます。

僕はこれまで、お笑いってあまり興味がなかったのですが、『火花』を読んで、ホストの世界とお笑いの世界ってすごく似てるなぁと親近感を覚えました。

例えば、同業者同士で毎晩飲みに行ってつるんで、延々と仕事の話をしているなんて、ホストも全く一緒です。ポーンと一気に売れ出すポイントは、業界内の評判なんて全く関係ない外の世界の評価や事情だったりするところも似ています。

そういう複雑な世界の中で、日々もがきながら働いているんですよね。

もしかしたら、『火花』の中で描かれている徳永の葛藤って、お笑い芸人やホストだけじゃなくて、一生懸命働いている人たちなら、みんなが共感するものかもしれません。

20代、30代、40代って、みんな悩みだらけじゃないですか。ちょっと立ち止まりたくなる時もある。そういう時に、徳永の姿に自分を重ねながら『火花』を読むと、自然と自分が肯定されるような気分になっていいなと思います。

「ピュアの極み」について考えてみた。

僕が『火花』で衝撃を受けたキャラクターは、芸人の神谷です。

とにかく笑いに真剣で、タブーを破ったり、人から疎まれたりするのを一切恐れない神谷。強い信念と、アバンギャルドともいうべき芸風に、後輩芸人である徳永は惹かれ、師匠と仰ぎます。

神谷は、現実世界にはちょっとやそっとじゃいなそうな本物の芸術家タイプです。売れる・売れないを超越して、自分が面白いと思うことだけを目指すピュアの極みのような人です。それが今の時代にあってるかあってないかは、彼にとっては結果論でしかない。

徳永は、そんな神谷を圧倒的に自分とは違う存在として見つめています。畏敬の念とでもいうのでしょうか。

僕と神谷さんでは表現の幅に大きな差があった。神谷さんは面白いことのためなら暴力的な発言も性的な発言も辞さない覚悟を持っていた。一方、僕は自分の発言が誤解を招き誰かを傷つけてしまうことを恐れていた。

人の評価など気にしないという神谷さんのスタンスや発言の数々は、負けても負けではないと頑なに信じているようにも見え、周囲から恐れられた。恐怖の対象は排除しなければならないから、それを世間は嘲笑の的にする。市場から逸脱した愚かさを笑うのだ。

ブレーキをかけるということを知らない、まっすぐな人への憧れ。しかし、徳永は神谷にただただ心酔するだけではありません。心のどこかで、真のアーティストとしてしか生きることのできない彼を、距離感を持って冷静にみている節もあります。

本当の地獄というのは、孤独の中ではなく、世間の中にこそある。神谷さんは、それを知らないのだ。

物語の最後には、こんなシーンもあります。徳永が1年ぶりに神谷に再会した時のことです。神谷は体を張った「ボケ」として、胸にシリコンを入れてFカップの巨乳を手に入れていました。徳永は先輩の驚くべき行為に唖然としながらも、なぜその笑いが世の中に受け入れられないかを冷静に説明し、神谷を諭します。

完全に正しい論を展開する徳永を前に、神谷は「面白いって言われたかってん」と涙目で告白します。

普通、こうした美容整形手術って、痛い思いをしてでも世間から見られたい自分の姿に近づくためにするじゃないですか。でも神谷は全く逆。痛い思いまでして、なりたくない自分に変身しています。徳永の、この人は全くどうしてこうなんだよ……という心の声が聞こえてきそうです。周りのことを考えず、自分の価値観だけで無謀なことをしでかす神谷。ある意味、究極のピュアです。そして、それを一生懸命フォローしようとする哀れな徳永を想像すると笑えてきますよね。

僕は神谷みたいな芸術家について、特段肯定も否定もしません（彼らもそれを必要としていないと思います）。ただひとつ思うのは、周囲に「うまく合わせる」ことを知らないピュアの極み人間が、ちゃんと生きていける世の中だといいよなということくらいです。パトロンみたいな大げさなものじゃなくても、ビジネスが得意な人が芸術家をちゃんと支える仕組みができるといいですよね。

「死ね！　死ね！　死ね！」で伝わる真実があるのが、現実社会の救いではないか。

さて、この物語の「語り部」であり、天才型の神谷と対比的なのが、後輩芸人の徳永です。

徳永は、「スパークス」というお笑いコンビを組んでいましたが、物語の終盤で芸人を辞めてしまいます。10年間、必死に活動してきましたが、相方の彼女が妊娠したことをきっかけにコンビを解散し引退するんです。

「僕は小さな頃から漫才師になりたかった」と言っていますが、そこまで強い「夢」だった感じも伝わらなくて、逆にリアリティがあるんですよね。生きるってそれくらい曖昧なものだと思うんです。自分の奥底にあるホンネと行動がちぐはぐなまま、何となく日々を乗り切る、それが真実ですよね。

徳永は引退を前にした最後の漫才で、「思っていることの逆のことを言う」というボケを連発するネタを披露します。

「感傷に流され過ぎて、思ってることを上手く伝えられへん時ってあるやん?」「だから、あえてな反対のことを言うと宣言した上で、思っていることと逆のことを全力で言うと、明確に想いが伝わるんちゃうかなと思うねん」

そう前置きをしてはじまる徳永のボケ。

「お前は、ほんまに漫才が上手いな!」「彼女がブス」「この十年間、ほんまに楽しくなかったわ! 世界で俺が一番不幸やわ!」

言いたいことを全部逆の意味の言葉にして、相方への愛やお客さんへの感謝を伝えるんですね(説明するのは野暮なんですが)。

「僕は、この十年を糧《かて》に生きません。だから、どうか皆様も適当に死ね！」そして、「死ね！　死ね！　死ね！　死ね！」と叫び散らかし、スパークスは10年の歴史に幕を下ろします。

お客さんも相方もボロボロに泣きながら、でも笑っている。喜んでいる。思っていることを伝えるために逆さ言葉にする。ふざけながら、泣いてる。この漫才こそ、ホンネと行動が必ずしも一致しない人間の業みたいなものをうまく描いていて、思わずじーんとしてしまいました。

この本のタイトル『火花』もそうですよね。「花火」じゃなくて『火花』。「花火」の逆さ言葉である『火花』がタイトルになっていることによって、神谷や徳永のお笑い芸人としての一瞬のきらめきと焦燥が、より生々しく僕の心に届いてきました。

考えてみれば、人っていつもいつもストレートに感情を言葉にできるわけじゃないですよね。モヤモヤした気持ちをどう言葉にしたらいいかわからないけれど、何とか伝えたい。そうやってひねり出された表現にこそ、真実があるんじゃないかな、と思いました。

本音なんて、どうせ伝わらない。だから僕たちは粛々と生きていく。

これからも、しっかり元気に生きてね、と言いたくて、「死ね！　死ね！　死ね」と叫んだ徳永。考えてみれば人生って、そんなことばかりだと思うんです。必死に伝えようともがいても、全然伝わらなくて。逆に、伝えようとしてないことが、ふいに伝わっちゃったりして。

自分の発しているメッセージが、相手にどう届くかを、全部コントロールできると思ったら大間違いです。ホストとしてお客様に接するときも常にそのことを忘れないように心がけています。直球だけじゃ伝わらない。変化球もこっそり隠し持って使い分ける。これが大事だと思っています。

例えばホストクラブのお客様が、家庭や恋愛、仕事のことなど、何か悩みを抱えながら来店してくださったとしても、僕たちはその問題を真っ向から解決しようと乗り出すことはありません。むしろ全然関係ない話を持ちかけたりします。会話に花を咲かせて、いい時間を過ごしていただく、これがすべてです。

「悩んでいることがありそうだな」と感じたら、関係ない「変化球」でごまかしたり、ふざけたりして、柔らかい時間が流れることを意識します。わざと不真面目にふるまうことで、お客様が「悩んでたの、バカバカしいな」と思ってくれたら嬉しい。

もちろん、時には直球を投げることもありますよ。「そんなやつの言葉、聞く必要ないんじゃない？」「あんまり気にしちゃダメだよ」と、そっとお伝えしたり、来店時には終始バカ話をして、次の日にLINEで「大丈夫だった？」と問いかけたりすることもあります。

もちろん、僕がその人の会社の上司だったら、こんな対応だけじゃダメだと思います。真剣に話してるのに取り合ってくれない、と怒られてしまうでしょう。

でもホストクラブでは、正論も説教も課題解決もなし。徳永の「逆さ言葉」がどんな言葉より強く届いてきたように、率直ではないコミュニケーションもうまく使いながら相手を癒す場所、それがホストクラブなんです。

余談ですが、ホストとお客様の会話の9割は、ホスト側の人生相談です。「先輩と喧嘩しちゃって……」「誕生日パーティのイベントをどう設計したらよいか」など、実はホストが自分のリアルな悩みをさらけ出しているというのが、実際にテーブルで起きている会話なんです。心を開いてもらいたいなら、まずは自分から。わかり合うことはできなくても、歩み寄ることはできますからね。

徳永の逆さ言葉のネタは、単に感動的なだけでなく、シニカルでもあるところが好きです。漫才師が人に何かを伝える職業でありながら、「自分の本心なんて思い通りに伝わるわけないじゃん」というある種の諦めがベースにあるような感じ。

相方が結婚して漫才をやめることになったことで、自分もお笑いから足を洗い、サラリーマンとして生きていくことを選ぶ徳永。「10年、がむしゃらに頑張って良かった」と無駄に美談にすることもなく、「僕はあの頃を今でも懐かしく思う」と過去に生きるわけでもない。そうやって粛々と生きて、たまに、大好きな神谷と再会するチャンスが訪れる。それが徳永の人生です。

一生懸命頑張るのは大事だけど、心のどこかに「ま、いっか」という諦めをもっておくことは、もっと大事だと思います。そうして淡々と生きていれば、不意にラッキーが舞い込むこともあるし、小さなラッキーに感謝する自分でいられます。

大げさな責任感なんて、なくていい。

日々を粛々と生き、思いもよらぬところから降ってくるラッキーに感謝する。僕が大事にしてきた価値観を、徳永は再確認させてくれた気がします。

日々の生活を冷静に思い返してみると、僕たちはあまりに役割に追い立てられていないでしょうか。そうすると、役割が果たせないことが怖くて、あくせくしてばかりの毎日になっちゃいますよね。

みんな、大げさな責任感を持ちがちだと僕は思います。

例えば家庭では、家事や育児の分担などの決め事ばかりです。そうかと思えば会社でもたくさんのタスクが待っています。「リーダーとして会議をとりまとめなければならない」「営業担当として、売上目標を達成しなければならない」……。僕たちは日夜、役割を果たし、結果を出し続けないといけません。

それに加えて女性の友人に話を聞くと「夫に子供のお迎えを一回代わってもらっただけで、借りが倍増した気になる」「会議で唯一の女性メンバーだったから、資料配布やお弁当の手配などの雑用を全部自分がやった」などといった気遣いや忖度もしょっちゅうだといいます。これではくたびれてしまいますよね。

もちろん仕事でも家庭でも、最低限の責任を果たすことは大事です。でも、役割に縛られて責任を果たすことが目的になって、がんじがらめになっては元も子もない。あまり性別で分けて話すのはよくないですが、女性は特に、過剰な責任感を背負いやすい方が多いです。

だからこそ、あえて伝えたい。自分にしかできないことなんて、実際にはほとんどありません。自分の力を過大評価して背負いこまなくていいんです。力みっぱなしの人生では、舞い込むラッキーも舞い込まなくなります。焦らず慌てず「ま、いっか」で笑い飛ばして、また粛々と生きていく。そしたらある時ふと、思いもよらぬ角度から、人生のごほうびが訪れます。僕はそれを「幸せ」と呼んでいます。

『火花』を読み終わったあと、ふいに、とある夜のことを思い出しました。部下のホストのヘルプとして、お客様のテーブルについた時のことです。そのお客様は彼の常連さんで、月に何度か、お一人で立ち寄って下さったんです。たまたま部下が席をたって、僕と彼女が二人きりになった時に、彼女が一言、ボソッと僕の部下についてこう言ったんです。「夫でも息子でも彼氏でもないけれど、一番大事なのよね」。

彼女は当時40代くらいだったと思います。すごく派手にお金を使うわけではないけれど、優しくて頭がキレる、元気な人でした。何の脈絡もなく、そう呟いて、ご自身でも「でもそれって何でだろうなあ」なんて首を傾げていらっしゃいました。僕に話すでもなく、まるっきり独り言という感じでもなく。

僕はすごく嬉しくて、今でもそのシーンをリアルに覚えています。どんなに高いシャンパンより、バースデープレゼントよりありがたい言葉です。自分が育ててきた部下が、お客様にとって、かけがえのない存在になっている。そしてそのことを彼に直接伝えるわけでもなく、アクシデント的に僕が耳にする。こんな小さなラッキーが人生に舞い込んできてくれたことに、幸せを感じました。

人生の幸せというのは、これ以上でもなければこれ以下でもない。他人にとっては何でもない情景が、自分にとっては宝になる。

神谷と徳永というおっさん二人が見た、何年かぶりの花火の美しさも、そういった類のものだったんだと思います。

4章

吉野源三郎・羽賀翔一『漫画 君たちはどう生きるか』

単なる「少年の成長物語」ではない。
世の中の「揉め事」の難解さに思いを
馳せる。

『漫画　君たちはどう生きるか』

あらすじ

主人公は、旧制中学校に通う15歳の少年コペル君。ある日、コペル君は母の弟である「おじさん」から一冊のノートを渡される。そこには過去に、コペル君がおじさんに話した出来事や悩み、そしてそれらに対するおじさんからのメッセージが綴られていた。

コペル君は学校で、貧富の差やいじめなどの問題に直面し、その都度、心の葛藤をおじさんに吐露していたのだ。少年は困難をどう乗り越えたのか――。

原作は１９３７年に新潮社より出版。２０１７年、羽賀翔一によって漫画化されマガジンハウスより出版されると、社会現象とも呼ぶべき大ヒットに。２０１８年日本でもっとも売れた一冊となった。〝出版不況〟と呼ばれて久しい時代に、累計売上２４５万部を超す。

著者

吉野源三郎・羽賀翔一

吉野源三郎　１８９９年（明治32年）、東京生まれ。東京帝国大学文学部卒業。１９３７年、『君たちはどう生きるか』を出版。雑誌『世界』初代編集長。１９８１年、肺気腫症により死去。

羽賀翔一　１９８６年、茨城県生まれ。学習院大学文学部卒業。２０１１年、『モーニング』に『ケシゴムライフ』を短期集中連載しデビュー。その後、エージェント会社「コルク」に所属し、『嫌われる勇気』の挿絵をはじめ、多方面で活躍。２０１７年、『漫画　君たちはどう生きるか』を出版。

ベストセラーを読んでいる僕、ウジウジおじさんに見えてる？

「おじさん。それ、いい本だから、しっかり読んで、どう生きるか、ちゃんと考えてね」

周りの人にそんな風に思われているかもしれない……とドキドキしながらカフェで読書をしていました。『漫画　君たちはどう生きるか』を読んでいた時のことです。

物語は15歳の少年・コペル君が、学校のいじめや同級生の格差、友人関係などを、メンター的存在である「おじさん」に相談しながら、生きる意味を自分に問い続けるというもの。ストレートなタイトルと、こちらを見透かすような眼差しのコペル少年の表紙が印象的で、発売時あちこちの本屋で一番目立つ棚に置かれていたのを目にしたものです。

原作は、日中戦争が始まる昭和12年（1937年）に出版されました。作者は、岩波書店の雑誌『世界』で初代編集長を務めた吉野源三郎。戦後の平和運動にも深く関わった人です。この小説は、治安維持法違反の疑いで1年半もの間、投獄され、釈放された後に吉野が執筆したもの。国の目を気にしながらの創作活動だったこともあり、子どもたち向けの小説という体裁をとったんだそうです。

そして2017年、漫画家・羽賀翔一さんの手によって親しみやすさをグッと増したかたちで漫画版が出版され大ヒットに。大きな戦争に突入しようとしていた時代の不穏な空気と、実感のない経済成長を続ける「いま」に重なるものがあるのでしょうか。新装版と合わせると245万部以上を売り上げたそうです。

人間社会で生きることの困難と希望を普遍的に伝える素晴らしい作品。思わずうなるシーンも多々あります。しかし、なぜでしょうか、この本を熟読している40代の自分というものに、少し気恥ずかしさを感じてしまう。中学生のようにウジウジ悩んでいる、と思われたくないという気持ちが一瞬脳裏をよぎってしまうのです。

考えてみれば、コペル君のように次々と葛藤を乗り越えて前向きに生きていけるほど、現実はシンプルではない。僕が見ているカオスな現実世界と、この本で描かれる単純化された世界のギャップに、ちょっとした違和感を覚えてしまったんだと思います。この本を手に取った人の中には、僕と同じモヤモヤを感じた人もいるのではないでしょうか。

元も子もないことをいうかもしれませんが、現実世界で何か揉め事や事件が起こっても、いちいち「気づき」を得たり、「成長」するなんてことは、ほとんど無いと僕は思うんです。ただ単に事件は起こり、なし崩し的に収束するのがほとんどです。

だからこそ、『漫画　君たちはどう生きるか』を単に、迷える少年の成長ストーリーという読み方をしてはもったいない。この本は、僕たち大人が、きちんと理解しきれていなかった人生の「揉め事」のリアルを改めて考えさせてくれる作品なのですから。

真面目でエリート。コペル君は立ち上がれるか。

コペル君は、上品な家庭に生まれ、学校の勉強もよくできる聡明な少年です。そして、とにかくいつも、色々なことをあれこれと考えています。ある時には、世界の道理や構造について哲学的に考えてみたり、またある時には、学校でのいじめや貧困について、くよくよ悩んでみたり……。常に思考することをやめない真面目なエリートくんです。

コペル君が考え込むたびに、手を差し伸べてくれるのが、コペル君の母親の弟にあたる「おじさん」。出版社に勤めた経験があり、教養のあるおじさんは、コペル君のいい聞き手であり メンターです。

さて、コペル君の通っている中学校では、いじめや喧嘩など様々な揉め事が起こります。物語の中で、終始いじめっ子として描かれているのが山口君という少年です。彼は、実家が貧しい豆腐屋さんを営んでいる浦川君に意地悪ばかりしています。例えば、浦川君のお弁当のおかずが、毎日油揚げだけであることをバカにして「あぶらあげ」と陰であだ名をつけたり、服の中に突然砂を入れたりといった具合です。

「誰も手をさしのべられてないんだ……」。家の縁側に腰掛けながら、コペル君は、山口君による浦川君への〝いじめ〟をどう解決したら良いかをおじさんに相談します。コペル君は、山口君の悪事だけでなく、彼を誰も止めることのできないクラスの同調圧力の恐ろしさにも頭を悩ませます。

それに対しておじさんは「そりゃあ　コペル君　決まってるじゃないか　自分で考えるんだ」とアドバイス。あまりにも真っ当すぎる返事ですが、コペル君はおじさんの言葉をしっかりと受け止め、どう行動すべきなのかについて、また深く考え込んでいきます。

これは、典型的なコペル君の行動パターンです。何か問題が起きたら、その問題について言葉にする。根本原因はどこにあるのか思考する。状況を相対化する。とにかく考えまくるのは非常にいいことだと思うのですが、問題は、腰が重いところです。

果たして、考え込んだり、悩んだりしている場合なんでしょうか。

実際、コペル君にとって、こんなにオイシイ状況ないと思いませんか？　貧しい友達が悪者にいじめられていて、その子を助けられる絶好のチャンスです。僕がコペル君なら間違いなく立ち上がりますよ。だって、その喧嘩に勝っても負けても「弱い同級生を守るために立ち上がった」ということになって、クラスのヒーローまっしぐらです。自分だったら下心たっぷりに拳を振り上げますね。

先ほども申し上げましたが、現実社会の揉め事はこんなにシンプルではありません。加害者と被害者がたやすく入れ替わったり、実は誰も悪くなかった、なんて状況もざらにある。「正義感にかられて、立ち上がることができる」完璧なシーンって滅多にないんです。

でも、コペル君は立ち上がらない。コペル君、もったいないです。

年齢、業界歴、売り上げ、ケンカの強さ……。評価基準が多くて、とにかく揉める。

物語とは違う現実の複雑さ、カオスさを象徴する、僕自身の体験談を紹介します。
僕は20代前半のホストだった頃、色んな同僚と揉め事を起こしました。お店に入ってすぐに売れ始めた僕への嫉妬ややっかみもあったと思います。そもそもですが、ホスト業界では序列を決めるための要素がめちゃくちゃたくさんあるんです。年齢、店で働いている年数、業界歴などに加え、売上やケンカの強さなど、あらゆる評価軸が絡み合って、ホスト同士の上下関係が出来上がっています。全然売上をあげられていないのに、在籍が長いというだけでデカイ顔をしている先輩ホストたちには、日々イライラしていたのを覚えています。

今、経営者になってみてわかるんですが、こうした複雑な状況は、店全体としての売上を上げていくためにわざと作られてきたんですよね。競争心を煽る要素が多い方が、お金は回る。「年上か年下か」「後輩からの信頼度」などホスト同士の対立軸がたくさんあるのです。複雑で難儀な世界です。だから、緊張感が生まれます。

そして、単純な金額や年齢だけで上下関係は決まりません。競争原理がいい意味で働けば売上は上がるけれど、悪く働けばトラブルを生んでしまいます。「あいつ生意気だから売上抜いてやろう」と思ってくれればプラスですが「生意気だから殴ろう」になることもある世界でした。

そんな20代のある夜、店で事件が起きました。僕より年齢は上だけど経歴が浅く、売上も鳴かず飛ばずの「後輩ホスト」が、突然僕の頭を空っぽのビール瓶で殴ってきたのです。それも、僕のお客様が見ている目の前で。僕にとっては屈辱的な出来事でした。額から流血した僕は、すぐに病院に行って7針縫いました。

病院から戻った僕を待ちかまえていたのは当時の店長です。当然ねぎらいの言葉をかけられると思っていたのに、何と僕は「原因をつくったのはお前だろ！」と怒られてしまいました。それで、この一件は終わり。

あれ、僕は被害者ではなかったのか？　お客様の前で殴られて怪我したのは、僕なのに……。

もちろん、15年以上昔のことなので、僕自身がこの事件について忘れてしまっている部分はあると思います。僕がチクチク彼に対するイヤミを言っていたのかもしれないし、彼にとって決定的な一言を言ってしまったのかもしれない。それにしても、未だに解せない部分はあります。この「ビール瓶事件」については、殴られた理由も、叱られた背景もすべて迷宮入り。どっちが悪人で、どっちが偉くて、どっちが弱者なのかも、全てがぐちゃぐちゃです。でも、結局それが、現実世界の揉め事の実態なんだと思います。

現実は、弱者と強者がいとも簡単に入れ替わり、「なし崩し」的に進む。

こんな風に、現実の揉め事は割り切れるものではないことばかりです。しかも、いちいち悩んだり問題をきちんと整理したりすることなく、結構「なし崩し」的に前に進んでいくことも多いですよね。僕も「ビール瓶事件」の後輩と何となく仲直りしました。事件を通して、学びもなければ、特に成長もありませんでした。

ホストの権力構造が複雑すぎるという点も大きいと思います。トラブルやいざこざが起きる時って、誰かが100%悪いというよりも、その構造に欠陥があるということばかりですからね。

ある場所に、人が対立してしまう環境が出来上がってしまっていたら、そこに誰が入ろうと、衝突は生まれてしまう。だから全体像をつかまないと、犯人探しをしたり、自分を責めたり、解決しようがないことで悩んでだりしてしまう場合が多いのではないでしょうか。

余談ですが、今のホストはみんなずいぶん仲良しになっていると思います。SNSのせいで愚痴や悪口、妬みがばれてしまうから。そういうところはネット社会っぽいなと感じます。暴力行為があるとすぐに警察が介入するのが常識になっていますし、トラブルなんてほとんどありません。

当事者でなければ揉め事を傍観してもいいのか。

ここで、コペル君の世界に話を戻してみます。物語の中でコペル君が目にする揉め事は大きく分けて二つありました。

一つ目は、教室で起きた事件です。豆腐屋の浦川君に対する山口君の執拗な嫌がらせにしびれを切らした「ガッチン」こと北見君が立ち上がるシーンです。コペル君や浦川君といつも同じグループで遊んでいるガッチン。正義感が強い彼は「誰がなんと言ったってもう許さん!!」と立ち上がると、山口君の胸ぐらをつかんでやっつけようとします。ガッチンの勇気を前に、クラス中のみんなが堰《せき》を切ったように殴り合いに参加するのですが、そこで声をあげたのは、いじめられていた張本人の浦川君。「やめてっ!!」と喧嘩を止めに入ります。

自分が普段いじめの被害者だから、山口君がみんなから一方的に殴られている悔しさがわかったのでしょう。浦川君の態度にコペル君は感動し、「まわりの流れに　勇気をふりしぼって逆らった浦川君は　ほんとに立派だと思うんだ……」とおじさんに報告します。

二つ目は、雪の日の校庭で、ガッチンが上級生に因縁をつけられるシーンです。一つ目の揉め事の時に、山口君の恨みを買っていたガッチン。山口君が上級生の兄に頼んでガッチンに仕返ししようとしていたのでした。事前にそのことを知ったコペル君たちは結束して「みんなでガッチンを守ろう」と誓いあいます。しかし、いざ上級生たちが「雪だるまを壊された」という因縁をつけてガッチンを取り囲むと、他のみんなが立ち上がるのをよそに、コペル君はビビって何もできませんでした。約束したのに何もしなかった自分のことを卑怯だと激しく後悔し、コペル君はおじさんに泣きつきます。

ここで僕は不思議に思ってしまいました。どちらの揉め事においても、立ち上がることができなかったコペル君ですが、なぜ二つ目の揉め事では自分に腹を立てているのに、一つ目の時には「何もしなかった自分」を特に恥じる様子もないのでしょうか。それどころか「浦川君ってすごいな」と、感激する余裕さえある。どちらも目の前で起きていることは誰かが誰かを傷つける揉め事なのに、一度は感心して、一度は絶望している。

当事者であるか、当事者でないかで、そんなに感情が変わってしまうものなのでしょうか。僕はそれが納得できませんでした。最初の揉め事は、「いじめに立ち向かおう」と誰とも約束していないから、傍観している。でも、2回目の揉め事は「仲間と約束していた」のに、何もできなかった自分を反省している。

それって結局自分のことしか考えていませんよね。眼の前の揉め事そのものを、ストップさせることなんて考えていないようにも見えます。二つの事件には、同じ様に被害者もいるし、加害者もいる。僕はそれが解せませんでした。

コペル君は賢くて、感受性豊かな少年だと思います。ただ、何につけても「他人を理解したい」「自分を成長させたい」という気持ちが前面に出すぎて、近視眼的になっている部分もあるように感じます。ある意味、困難は自分の成長のためにある、というエリート発想がちらついてしまうんですよね（僕のエリートへのコンプレックスが全開ですが……）。

漫画版にはないのですが、原作の小説では、ガッチンをいじめていた上級生たちはその後、先生たちに懲らしめられます。有力者であるガッチンの父親が学校に抗議したからです。上級生たちは親の力に頼れない分、かわいそうですよね（笑）。こうして、弱者と強者はいとも簡単に入れ替わる。コペル君が悩んでいる間に、揉め事の構図は移り変わっているんです。

〝いい大人〟は、失敗を乗り越えてネクストステージに行くだけではダメ。

成長を求めることは当然、素晴らしいことです。特にコペル君は15歳の少年ですし、一つ一つの挫折や葛藤から学びを得ていくのは褒められてしかるべきことだと思います。でも、それを眺めている40歳の僕まで、コペル君と一緒に一喜一憂しているわけにはいかない。

先ほども申し上げましたが、現実はもう少し「なし崩し」的に進んでいくものです。揉め事もいざこざも、実際には自分一人の手で避けられないことの方が多い。期せずして傍観者や加害者になってしまった時、僕たちはどう生きるべきなのか。

コペル君のように「失敗を乗り越えて成長しました」といってネクストステージにいくのが正しいのか。いや、〝いい大人〟の僕たちは、それだけではいけないと思うんです。

僕は、本当に大事なことは、揉め事の「問題」を乗り越えることではなく、複雑な事象をそのまま、ずっと忘れないで覚えておくことだと思うんです。

これはいじめだけに限った話ではありません、ハラスメントもそう、経営の失敗もそうです。過去は消せないし、簡単に乗り越えるなんて許されない。過ちを犯してしまったら、それを背負ってどう生きていくのかという自分の「生き方」で取り返すほかありません。

ホストクラブの経営者になってみると、組織には絶対に「山口君」のような、いじめっ子タイプがいることに気づきます。僕もこれまで、山口君タイプに手を焼いてきました。ただ、誰もがいつでも山口君みたいになる可能性はあるし、山口君だって状況によっては優等生キャラになることだってあるのかもしれません。100％の悪者はいないし、100％の正義もない。間違いなく言えるのは、山口君的な存在がいるのが社会であり、組織であるということです。

経営というのは、組織全体を、〝ややこしいもの〟として、動かし続けるということです。だから僕は、一人一人の個性をジャッジするというよりも、色々なキャラクターが混在しているみんなをまとめて、従業員だと思っています。そういう距離感で組織を眺めていないと、いざ加害者と被害者が入れ替わる瞬間とか、複雑だけど大事な出来事を見逃してしまいます。

『君たちはどう生きるか』では、山口君の心の葛藤はあまり描写されず、ひねくれた性格は解決されませんよね。だけど、僕は山口君に変わって欲しいと思う。僕たちの仲間にも山口君みたいな奴はいて、僕はそういう人を見捨てたくはありません。山口君とどう距離をとり、どう接すればいいかを考えながら生きています。

あえて深読みをすると、山口君の方にだってどうしても浦川君を責めなければいけない事情があったのかもしれませんよね。まずはそれを聞いてみる。それが、複雑な現実に向き合うことだと僕は思います。

そんな風に考えてみるともしかするとこの本の宿題は「結局変わらなかった山口君と、

複雑な現実を、君たちはどう生きるか」を考えることかもしれません。

世の中は今日も、こんな風に白黒はっきりしないグラデーションの中で回っていきます。揉め事や対立はどれも単純なものではありません。かつての過去から現在、未来に続くあらゆる戦争も、関ヶ原の合戦も、白黒はっきり分かれてはいませんでしたし、現実は、勧善懲悪の筋書きは描けません。

コペル君のシンプルな世界観に浸ることで、それとは対照的な「現実の複雑さ」について思いを馳せる。それが、大人ならではの、『君たちはどう生きるか』の読み方じゃないかな、と僕は思います。

5章

俵万智『サラダ記念日』

SNSの短い言葉にイラっとする前に、言葉の曖昧さを楽しみたい。

あらすじ

『サラダ記念日』

表題となった《「この味がいいね」と君が言ったから七月六日はサラダ記念日》のほか、第32回角川短歌賞を受賞した「八月の朝」などを含む４３４首を収録した歌集。「カンチューハイ」などの目新しい言葉、会話調の言い回しなどを織り交ぜながら、女性の日常を描き出す作品が並ぶ。新しい現代短歌の先駆けとなり、後に続く若手の歌人たちに影響を与えた。

１９８７年河出書房新社より出版。第32回現代歌人協会賞を受賞。２８０万部を超えるベストセラーとなり、当時24歳の高校教諭だった俵万智さんは「新人類歌人」などと呼ばれて〝時の人〟となった。

著者

俵万智

１９６２年、大阪府生まれ。早稲田大学第一文学部卒業。高校の国語教師として働きながら、歌人として作品を投稿する。１９８６年、『八月の朝』で第32回角川短歌賞を受賞。１９８７年『サラダ記念日』を出版。口語体を軽やかに活かした歌が話題となる。主な歌集に『プーさんの鼻』『考える短歌』など。

常套句によってうやむやにされる真意に思いを馳せる。

言葉をちゃんと相手に届ける、ということについて、ここしばらく考えています。専修大学准教授の哲学者・古田徹也さんが、ある政治家の発言についてコメントしている記事を読んでとても共感しました。以下、引用します。

〝気になったのは、『ピンチをチャンスに変える』という常套句の多用です。（中略）現実の複雑な課題を、なんとなくポジティブな印象の常套句によってうやむやにする。これは、言葉を道具としてのみ扱う典型例だと言えます〟（朝日新聞　２０１８年10月26日朝刊）

常套句や紋切り型の言葉って、つい使っちゃいますよね。意味やニュアンスが決まっているので、相手もなんとなく分かった気になるからでしょうか。

でも、僕たちホストは言葉をそのまま文字通りには受け止めません。

お客様に「あんたなんて嫌い」と言われて、嫌われたから連絡しないっていうやつがいたらホスト失格です。あるいは、「じゃあなんで嫌いなの？」って問い返すホストもいないでしょう。

僕たちホストは、お客様の言葉を大切に、丁寧にあつかって「本当は何を感じているのか」を考えることが仕事だからです。

そんなホストクラブ業界にも、数年前から大きな地殻変動が起きています。ずばりＳＮＳの登場です。かつてホストは、お店の中でいかにお客様を魅了するかを考えてきました。でも、今は24時間、３６５日、ＳＮＳ上でもファンを獲得しなければなりません。Twitter や Instagram のフォロワー数と売上は比例していると言っても過言ではない。みんな必死になって、休みの日に遊びに行った場所、新しく買った洋服、ホスト同士の戯れなどを投稿します。

現役ホストたちの頑張りを横目に、僕は内心、自分が現役ホストとしてバリバリお店に出ていた頃にここまでSNSが影響力を持っていなくてよかった、と思ってしまう部分もあります。

やっぱりこの世界は、SNSが力を持ちすぎではないでしょうか。人間の本当の価値なんて、数行の短い文章でわかるはずがない。背景にある事情もわからぬまま、言葉だけが一人歩きするのは危ない。ちょっとしたつぶやきの揚げ足を取り合って、小競り合いをしているからTwitterではすぐに「炎上」が起きてしまうような気がします。

短く伝えるSNSでは常套句のような「意味がひとつにしかとれない言葉」をみんなが多用しがちですよね。僕はそれが言葉のもつ可能性や、人と人のやりとりを、ものすごく狭くしていると思うんです。

そんな僕のSNS懐疑論を、改めて考えさせてくれたのが、今から30年以上前に刊行された俵万智さんの歌集『サラダ記念日』です。「5・7・5・7・7」のたった31文字から、色んな世界を想像させる短歌の世界。『サラダ記念日』の短歌ひとつひとつは、何か特定の意味があって投げかけているわけじゃない。常套句やSNSと真逆の言葉たちは、Twitterワールドの中で窮屈な思いをしている僕たちに、どんなヒントをくれるでしょうか。

サラダ記念日で思い出す「シャンパン記念日」。

『サラダ記念日』が発表されたのは1987年。世間では一大旋風とも呼ぶべき大きな反響があったそうです。難しい言い回しや古めかしい表現ではなく、普段使いの言葉をちりばめた作品たち。リアリティのある感情表現が、それまで短歌に触れたことのなかった人たちの心にもストレートに刺さったのでしょう。単行本や文庫あわせて300万部近くの売り上げを記録し、当時24歳の高校教師だった俵さんは一気に「時の人」になりました。

「短歌」のイメージを大きく変えた俵さんは、伝統的な手法を大切にする人たちからは、「新人類歌人」などと表現されることもあったそうです。いつの時代も、それまでとは違う変わったことをするスターが「新人類」と呼ばれるのは変わらないんですね。

俵さんは、31文字というものすごく限られたスペースの中で、日々の生活やそこでの感情を言い表します。たとえば次のような歌。

「嫁さんになれよ」だなんてカンチューハイ二本で言ってしまっていいの

短歌の中に「カンチューハイ」なんて使っていいんだ!? と思わずびっくりしてしまいますよね。この妙に生々しい感じがキモなんだと思います。誰かの人生の一瞬をのぞき見してしまったような気になります。

カンチューハイっていう言葉にも時代感が表れますよね。今だったら「ストロングゼロ」になるのかなあ、と考えてしまいます。

さて、タイトルにもなった代表歌がこちらです。

「この味がいいね」と君が言ったから七月六日はサラダ記念日

恋人との何気ない日常の思い出がうまく切り取られていると思いました。あとになって俵さんは、実際にこの歌のインスピレーションを得た時に彼と食べていたのは、サラダではなく唐揚げだったと明かしています。現実は創作より、脂っこかったわけですね（笑）。

僕の友人に聞いてみると、この歌で「ゲイのカップルが食卓を囲む漫画を思い出した」という人もいましたし、「これって母親と息子の話なんじゃない？」という人もいました。時代の空気や、自分の置かれている状況によって、無限の読み解き方ができる。これは31文字という限られた文字数だからこその広がりなんだと思います。

ちなみに職業柄でしょうか、僕は20代でバリバリ現役ホストをしていた頃の情景を思い浮かべてしまいました。ホストはとにかく「記念日好き」なんです。お客様との間に起こる小さな出来事を大切にし、「記念日だね」と意味付けをします。「今日は君と初めて会った日だよね」「今日は初めてシャンパンを入れてくれたシャンパン記念日だね」といった具合に。

この歌を作った時、まさか俵さんがホストを想定していたはずがありませんが、僕は「記念日」と聞くだけで、ホストとお客様の間を行き交う甘いセリフを想像してしまいます。

断片的な世界の切り取りは、必ずしも「悪」ではない。

連なる歌の情景をゆっくりと思い浮かべていく贅沢な時間が、歌集を読む楽しみだと僕は思います。でもときには歌集全体の背景やコンテクストから一旦離れ、一つ一つの歌と向きあって、断片的な世界を楽しむという方法もありますよね。

文字数が限られているからこそ、どんな解釈の可能性をも含んでいる。それが短歌や和歌といった形式的な表現手法の面白さなのだと思います。こんな歌も、印象的でした。

スパゲティの最後の一本食べようとしているあなた見ている私

さて、どんな様子を思い浮かべますか？　僕の友人はこの歌から、冷めきった中年夫婦の嫌味な食卓を想像したそうです。「さっさと食えよ。のんきな顔しててんじゃねーよ」という妻の冷たい視線でしょうか。この読み解きから、家庭内における男性と女性の家事分担にまで話が及びました。

一方、僕は最初に読んだ時、すごくドキドキしました。おそらく初デートであろう、青春の緊張感。目の前に座っている人は、最後に残ってしまった1本のスパゲティの食べ方に悩んでいる。皿に貼りついた麺1本を、丁寧に食べるのは難しい。手を使った方がいいのか？　1本だけ残すのは不恰好だし……。そんな相手を前に、目を背けてあげるのが優しさなのか。笑い飛ばしてあげるべきなのか。恋が始まったばかりの二人の、思考の空中戦をつい想像してしまいました。

他にも、こんな歌があります。先ほどのシャンパン記念日に続き、ホストクラブを思い浮かべてしまう歌です。

何してる？　ねぇ今何を思ってる？　問いだけがある恋は亡骸
君を待つことなくなりて快晴の土曜も雨の火曜も同じ

完全に、売れないホストのむなしさを歌っている！　と思ってしまいました。僕たちの世界では、お客様に一度も指名されなかった夜のことを「お茶をひく」というんですが、この歌からはお茶をひいてるダメホストが浮かびました。お客様にＬＩＮＥを送っても既読にすらならない。店の裏でスマホを握りしめている惨めなホストの風景は日常茶飯事です。ホストなら誰しも、この歌を読めば、「めっちゃわかる!!」と、前のめりになってしまうのではないでしょうか。ホストはフラれるのに慣れるのが仕事。わかっていても、やっぱり切なくなるんです。

こんな風に、自分の身の回りの出来事や仲間をついつい想像してしまうのが短歌の面白さ。すっかりSNS疲れしていた僕に、俵万智さんの短歌は、断片的に世界が切り取られることは、嫌なことばかりじゃないと教えてくれます。

話は変わりますが、先日、自宅でワイドショーを見ていた時に、近隣住民に迷惑行為をしている女性のニュースが報じられていました。女性はマンションの二階以上の部分に住んでいて、自宅の下を通りがかる人たちにベランダから土を投げつけるというのです。相次ぐご近所トラブル、身勝手な住民、理不尽な行動……我々はどう対処すべきか、といった具合に番組は進んでいったのですが、あるコメンテーターがVTRの終わりに面白いことを言ったんです。

「あの土、柔らかそうでしたね」

その発言は、大して取り上げられずそのまま流れていってしまったのですが、僕はその発言が妙に心に引っかかったんです。土は柔らかかった。それは、その土がベランダできちんと手入れをしている植物の鉢の土であるということを意味しているのではないだろうか。大事な植物の土をわざわざ投げつけるなんて、よっぽど怒っているか、悲しんでいるのかもしれない。

僕の中に少しだけ、土を投げた女性への関心が生まれてきました。普通に考えれば、ご近所づきあいの難しさを浮き彫りにするニュースだと思うのですが、土の柔らかさに気持ちが至るコメンテーターがいる。そしてその発言から「土を投げる女性」の人生を想像してしまう僕がいる。「この人は迷惑おばさんです、以上」の先に、僕たちの知り得ない事情があって、それは意外と世界の真理のような気がするんです。

言葉であれ風景であれ、所詮僕たちは切り取られた断片的なものしか見ることはできない。全部知ったつもりでいても、それは誰かの手によってわざと抽出された一部で、まったく無作為のなかに佇むワンシーンでしかありません。だったら、ワイドショーが意味付けした「この人は迷惑です」という文脈を鵜呑みにするだけでなく、ふと土の柔らかさに気づいた方が、面白いと思いませんか。

世の中何でもかんでも単純化して、思考停止させる言葉が溢れているような気がします。

「嬉しいです！」の真意を察してくれよ問題。

人間というのはこんな風に、いつでも脳内で連想ゲームをしているものなんだと思います。だからたった140字のTwitterでも、「あーだ」「こーだ」と色々な議論が起きてしまうんでしょうね。文字のコミュニケーションだからこそ起きてしまう誤解というのも大きい。例えば、ホストクラブにいらっしゃる女性客の中には、男性上司からのしつこいLINEに悩んでいる方がたくさんいます。短いテキストから妄想が膨らんでしまうことで、トラブルに発展してしまうのでしょう。

「打ち上げってことで、メシでも行こうよ」「今日のメイク、可愛かったね」。男性からのこうしたLINEに対して、立場の弱い女性たちは、無視することも強い言葉で拒否することもできず、「ありがとうございます」「嬉しいです！」と返してしまう。あるいはチャーミングなスタンプで逃げ切ろうとしてしまう。そこには、絵文字を使わないで短く返せば、やんわり断ったことになるかも。テキストを打たずにスタンプだけで返せば、私の真意を汲んでくれるだろう。こうした相手への無意識の期待があるのだと思います。

上司である権力を利用して、断りにくい誘いを持ちかけるのは、男性であれ女性であれ絶対にダメです。ハラスメントしている人を擁護するつもりは毛頭ありません。その前提で、話を聞いていて思うのは、必ずしもどちらか一方だけが悪いとは言い切れないケースもあるということです。送った側には送った側の込めた思い、受け取った側には受け取った側の解釈があるのが当然で、肝心なのは、こうした短いテキストでのやりとりにおいて、相手が察してくれると過信しないということではないでしょうか。

LINEなど1対1のコミュニケーションだと、どんどん思考の袋小路に入って「どうして伝わらないんだろう」と悩んでしまう人が多い。そんな時、「それって実は相手を信用しすぎてるんじゃないの？」と声をかけてみることがあります。自分のつづった言葉が、思惑通りに解釈されると過信すると、うまく伝わらないたびに、ダメージを食らってしんどくなってしまいます。こういうものは、2、3割伝われば御の字。次の日に、電話や対面で、何とか真意を伝える工夫をしてみるのがいいと思います。

要するに、短い文章で伝わる思いなんて、たかがしれている。そういう前提に立って、気負わず軽やかに言葉と接するべきなんですよね。

これは、SNS疲れしてしまっていた自分自身へのメッセージでもあるのですが、ある言葉の奥には、本当に想像もつかない世界が広がっているのが当たり前。それを楽しく乗りこなすか、ダメージを受けて辛くなるかは自分次第です。僕が俵万智さんの短歌を読んで、ぼやきホストを思い浮かべたように、面白がって自分とリンクさせるのが、言葉との上手な付き合い方でしょう。一方で、不必要に短い言葉に自分を投影させすぎて傷ついたり憤ったりすると「炎上」などの火種になるのだと思います。

そもそも「言葉遊び」はチーム戦。みんなで完成させる「意味」。

そもそも短歌って、誰か一人のアーティストが生み出すものではなく、歌をつくる人、批評をする人、読みあげる人など、グループで魅力を磨き上げていく芸術だと聞きます。

小林恭二さんの『短歌パラダイス』（岩波新書）という本に詳しいですが、短歌の伝統的な遊び「歌合《うたあわせ》」では、二つのチームに分かれて歌の優劣を競うんだそうです。各チームに、お題に沿って歌をつくる人が一人ずついて、他のメンバーはその人の援護射撃を担当します。サポートメンバーは、両チームの歌が披露されると、敵チームの歌を非難しつつ、自分のチームの歌の素晴らしさをアピールしたり、意味を肉付けして説明したりします。場合によっては、歌を詠んだ本人すら想定していなかった解釈がライブで生まれていったりするのが歌合バトルの醍醐味なのでしょう。他人が作った「上の句」に、別の人が「下の句」をつけていく「連歌《れんが》」という短歌の興じ方にも通ずる部分がありますね。

短歌って個人プレーかと思いきや、チームプレーを楽しむ遊びだったとは驚きです。昔から日本人は、たった31文字ですら、一人ではなく、複数で解釈を「完成」させてきたんです。言葉に、唯一の正しい意味なんて、本当はないことを先人たちは分かっていたのでしょう。

「あーだこーだ」もいいけれど、超ポジティブバイアスをかけてみて。

もちろん時にはニュースや災害情報を伝え、速さと確からしさが人々の役に立つTwitterや、コミュニケーションを劇的に便利にしてくれたLINEなどと、芸術表現の短歌を単純に比べることはできません。事実を正しく伝えるために、論理的に言葉をつないでいくこと。説明して、相手に理解させ、誤解を生まないように文章を構築していくこと。報道や論文に使用されるような、人と人が意思を疎通するツールとしての言葉は、もちろん重要です。

問題は、感情を伝える言葉や感情をうみだす言葉も単純化してきていること。短歌に触れることは、断片的な短い情報とどう付き合っていくべきか、という点において考えるヒントになるのではないでしょうか。

みんながいつでも「あーだ」「こーだ」言っているこの世界では、100人がツイートすれば100通りの真意があり、その先にまた枝分かれした解釈と連想が広がっています。そんな世界の中で、他人の解釈や、相手が言葉を発した背景までいちいち考えるのはめんどくさい。だからこそ、意味が一つに固定される「わかりやすい言葉」や「常套句」ばかりが増えてきているのだと思います（一方で、解釈が分かれることが前提の、短歌のような広がりのある言葉は、なかなかSNSで拡散されませんよね）。

でも、ちょっと立ち止まって考えて欲しいのです。たとえ紋切り型の言葉を受け取ったとしても、それに対する自分の気持ちと、他人の気持ちが同じはずはありません。決して決めつけない。相手と同じ絵を描けていると過信しない。そういう前提に立って、言葉の豊かさと、いい加減さに寛容である方がいいんじゃないかなと思います。

それでも言葉一つに戸惑ってしまう時はあるでしょう。「これってどういう意味?」「今、批判されている?」など、「あれ?」と思ったら、まずは自分にめちゃくちゃ都合のいい解釈をして受け流してみるのがおすすめです。目の前の言葉にイライラしすぎる前に、「私に特別目をかけてくれてるんだ」「遠回しに私のこと褒めてる?」といった具合に超ポジティブバイアスをかけて、自分の心を一旦どこかに避難させましょう。

それが真実を確かめた方がいい類の言葉であっても、まずは一呼吸置いてから、相手と会話をはじめたって遅くはありません。言葉のもつダイナミックさを恨むのではなく、気楽に、面白がるくらいのスタンスで。

冒頭でも紹介した哲学者の古田徹也さんの言葉に、僕は完全に同意です。

〝もちろん言葉には意思を伝える道具としての働きがあります。でも、それより重要なのは、その意思自体をかたちづくるという働きです。私はいま、こうやってしどろもどろになりながら……質問に答えるべく、しっくりくる言葉を探し、迷い、選んでいます。そうやって初めて自分が何を考えていたのか、何を言いたかったのかがわかり、時に自分でも驚く〝
〝私たちは、迷いながら言葉を紡ぐことで考え、新しい視点を獲得し、新しい可能性を開いていきます〟（朝日新聞　２０１８年10月26日朝刊）

古田さんの言うように、僕たちも言葉をもっと丁寧に扱うことで、「意思をかたちづくって」いきたいですね。


ちなみに僕は毎月、歌人の方をお呼びしてホストたちと歌会を開いています。短歌が「5・7・5・7・7」からなることさえ知らなかったホストたちが、月を重ねるごとにどんどん詠むのがうまくなっていきます。

言葉と丁寧に向き合う面白さに気づくホストたちも徐々に現れてきました。

歌会はなかなかの白熱っぷりで面白い歌がたくさん詠まれます。たとえば、先日の歌会では、ブックセンター賞に、以下の歌が選ばれました。

三回忌
実家に帰り
床に就く
歌舞伎と違う
枕に安堵
天草銀

いかがですか？　この歌の中に出てくる「歌舞伎」や「枕」という言葉はホストの業界用語でもあります。つまり普通の方の感想と、ホストが見たときの感じ方が異なるように詠まれている。実は、とても技巧に優れた歌なのです。

この歌を詠んだホストは今まであまり本を読んだことがありませんでした。僕は彼が言葉と向き合い、こんな素晴らしい歌を詠めるようになったことが、とてもうれしいです。

あなたは、この歌から何を感じますか？

6章

乙武洋匡『五体不満足』

この本の主役は彼自身ではない。障がい者と健常者という二元論の向こう側にあるもの。

あらすじ

『五体不満足』

先天性四肢切断により「手足がない」状態で生まれた著者の乙武洋匡。障がいがあっても「諦めない」。クラスメイトと共に運動をし、学校行事にも積極的に参加した小学生時代。バスケットボール部で選手として奮闘した中学時代。アメリカンフットボール部でデータ分析を行った高校時代。予備校で一浪し、早稲田大学に入学した受験生時代。そして、大学生になり、街づくりのイベントなどに携わりながら、講演を依頼されるようになるまでの様子が描かれている。

１９９８年、講談社より出版。約５８０万部の大ベストセラーになった。乙武さんの前向きな〝自分語り〟は新しい「障がい者像」として大きな影響を与えた。

著者

乙武洋匡

１９７６年、東京都生まれ。早稲田大学政治経済学部卒業。先天性四肢切断（生まれつき両腕と両脚がない）という障がいがある。１９９８年、『五体不満足』を発表。小学校教諭を経て、２０１３年、東京都教育委員に就任。２０１８年、小説作品として『車輪の上』を発表。

〝国民的障がい者〟、乙武洋匡と僕。

『五体不満足』という言葉を発明し、〝国民的障がい者〟になった乙武洋匡《ひろただ》という男を知っていますか?

実は、僕と乙武洋匡さんは10年来の親友です。僕が乙さん(いつも「乙《おと》さん(おとさん)」と呼んでいるのでこのように表記します)と初めて出会ったのは20代の終わりの頃。彼が『五体不満足』の出版後、キャスターやスポーツライターを経験したのち、教育の道に興味をもちはじめて、さあこれからどうして生きていこうかと考えている頃でした。

僕の方はといえば、ホストクラブの経営をはじめて暫く時間が経って、これから自分の会社や従業員をどういう方向に持っていくべきかと考えている頃。お互い30歳手前で、共に興味がある教育について語り合ううちに、すぐに仲良くなりました。そして、これからどんな大人になろうか、将来何をしようかという話を夜な夜な語りあっていました。彼は僕がどうやって従業員を教育しているのかに興味を持っていて、よく相談もしました。

乙さんとはそれ以来、二人で海外旅行に行ったり、読書会を開いたり、大人数で飲み会をしたりと、よくつるんでいました。でも、彼が障がい者だからといって、連れの僕が困ってしまったことはほとんどありません。

もちろん、仲良くなったのが大人になってからというのもあるのでしょう。大人って体育の授業をするわけでもないし、全員で整列する場面もない。むしろ、口で何かを説明するなら僕より乙さんの方がうまいので、こちらが気を遣った記憶はほぼありません。自分が助けようとする前に、「ちょっと醤油を使いたいから30センチくらい前にやって」みたいに、的確に指示されちゃいますから。

ましてや、障がい者であるからといって、同情したり心配したりなんて、ゼロに等しいですね。あるといえば、昔、僕の部屋に二人で寝ていたら大量の蚊が入ってきて、二人とも身体中を刺されて「痒いな～」って言い合っていた時に、「あ、乙さん、身体かけないのか、不便だな」って思ったぐらい。その時も僕がそう口にして、二人で大笑いしました。

先回りして「ルール」を作る努力。

それにしても、手も足もない人と行動するって結構大変だと思うんですが、苦労した記憶がないのはなぜだろう？

改めて思い返すと、彼は常に先回りして、周りも本人もスムーズに行動ができるようにお膳立てしてくれていた気がします。彼は、みんなでどこかに遊びにいこうというときも、誰よりも綿密な計画を立てて、僕たちも乙さんも楽しめるプランを提案してくれます。例えば、海外旅行に行くときなどは、旅行代理店のように下調べをして、色んなところに連れて行ってくれます。僕らはホテルの予約など面倒なことは何も考えず、旅行を楽しめるわけです。

いつも先手先手で行動する乙さん。きっと幼い頃からの積み重ねなのでしょう。『五体不満足』を読むと、彼が幼少期から、障がい者でありながら健常者の過ごしている〝普通の〟社会に溶け込んでいくために努力してきたことがわかります。「オトちゃんルール」と呼ばれる特別ルールで、あらゆるスポーツにも参加しました。水泳では「スーパービート板」の持ち込みを許されました。前例がなくても、予備校にも通いました。障がい者への偏見や差別が少なくはない時代で、まわりの人を巻き込んで一緒に生きていける環境をつくっていきました。

パワフルな乙さんの半生をつづった『五体不満足』。衝撃的な表紙とタイトルとは打って変わって、後ろ向きなエピソードが一切ない明るい半生記は、多くの人に、「手や足がなくても乙武さんはこんなに頑張ってるんだから自分も頑張ろう」と感じさせたのではないでしょうか。

僕自身もかつては部下に、「手や足がなくても乙さんは乗り越えてきたんだからお前らも頑張れ」と伝えてきました。でも、ある時ふと気づいたんです。乙さんから見習えることって、手足があろうがなかろうが関係ないのではないかと。

メガネやコンタクトがない時代なら、僕も「障がい者」だった。

乙さんは『五体不満足』のあとがきで、こんな言葉を綴っています。

五体が満足だろうと不満足だろうと、幸せな人生を送るには関係ない。

障がい者だからって、不当に隅っこに追いやられる必要はない。彼は決して悲嘆に暮れて立ち止まることなく、目の前に広がる社会の中で楽しく生きていく方法をたぐり寄せようとしてきました。その逞《たくま》しさに、健常者であれ、障がい者であれ、真似できる部分がある気がします。

乙さんは、ある人が障がい者かどうかを決めるのは、「環境」なのだと言っています。

つまり、いま置かれている環境において、生活に困難が生じるから「障がい者」と呼ばれるのであって、全く別の世界では障がい者でも何でもないかもしれない。この世界に絶対的な「障がい」なんてない。所詮すべての「障がい」と呼ばれている状態は、相対的なものでしかないんだなと気づきます。

もちろん、ひとことに「障がい者」といっても、その種類や程度は人によってまちまちなので、すべてをいっしょくたに語ることはできませんが……。

例えば、僕は極度の近眼なので毎日コンタクトレンズをつけて生活しています。だから、もしメガネもコンタクトもない時代に生まれていたら間違いなく「障がい者」だったでしょう。狩りにでかけたらちっとも役に立ちません。

もっと大げさなことを言うと、僕は日本語しか喋ることができないので、日本語圏の外に出ると、僕の言語能力も、ある意味では〝障がいがある〟状態と言えるかもしれません。

突き詰めていくと「普通」なんてどこにもない。切り取りようによっては自分だって「健常者」ではないかもしれない。いつだってそんな疑いを持ちながら過ごすことは、いざ新しいルールを作ろうとした時に役立つような気がします。

ひとたび、「障がい」というものを離れてみても、僕たちが「社会」と呼んでるものは、所詮カギカッコつきの限定された「社会」だなと気づきます。個人個人に見えている「社会」は違います。全人類にとって共通の、すべてを含んだ一般社会なんてありません。あなたにとっての「社会」と他人にとっての「社会」は違うから。

死ぬような思いまでして無理に溶け込まなくてはならない「社会」なんてどこにもない。生きていく社会を自分で選んで、自分で定義する。それもまた、とても重要だと思うんです。

最近、写真家の齋藤陽道《はるみち》さんの『異なり記念日』という本を読みました。

齋藤さんは、耳が聞こえる両親から生まれたろうあ者です。両親の言語に合わせて「日本語」を第一言語として教わりました。齋藤さんのパートナーであるまなみさんは、耳の聞こえない両親から生まれたろうあ者です。手話を第一言語として育ちました。二人の間に生まれた樹《いつき》さんは、耳が聞こえる健常者です。三人が三人とも、ある意味で違う「社会」を生きている。子どもと親が「異なるんだ」と気づいた記念日が「異なり記念日」というわけです。

ろうあ者の教育をめぐっては、日本に限らず読唇術などを教えて健常者の言語を使いこなせるようになるべきという考え方が、かつては根強かったのです。しかし、耳が聞こえない人は無理やり口述日本語を覚えるよりも、手話コミュニケーションのなかでのびのびと感性を磨いたほうが豊かな表現力をもてるという考え方も、今では広く浸透してきているんだそうです（もちろんこんなにシンプルな歴史ではありません）。

齋藤さんは両親が健常者なので、口述コミュニケーションができるように育てられたそうですが、幼年期から中学生までの記憶がほとんどないそうです。手話ならすぐ覚えられることも、日本語の音や口のかたちで覚えようとすると何倍もの時間がかかってしまう。自分は聞こえないのに、音声で自己表現をせざるを得なかったことは、かなりストレスのかかることだったのかもしれません。言い方が少し乱暴ですが、手話を使える人たち同士の「社会」で生きていく限りにおいては、日本語に適応しなくても手話ができれば何の問題もないという考え方もありますよね。

健常者たちが見ている「社会」に適合するために障がい者が努力すべきなのか。あるいは、健常者の「社会」と、障がい者の「社会」を分断させたまま生きていくべきなのか。

僕は、どちらも違うと思います。こうした二元論に陥らないことこそが大事なんです。障がいを障がいたらしめているのは社会でしかない。そのことを認識し、誰もが生きやすい「一般社会」を作っていかなければならないと思います。

『五体不満足』の主役は、乙武洋匡ではない。

ここで『五体不満足』を思い返してみると、実はものすごく努力をしていたのは、乙さんの周りにいた人たちだということに気づきます。『五体不満足』って実は、乙さんが主役に見えてそうではない。彼の周りにいて「オトちゃんルール」を作った人たちであり、そうした新ルールを喜んで受け入れた人たちこそが、この本の主役なんです。次々と自発的にできあがる新ルールは数えればキリがありません。

（野球・サッカー・ドッジボールなどに）ボクも参加できるような、「特別ルール」があればよいのだ。それは、「オトちゃんルール」と呼ばれた。クラスの友達が考え出してくれたのだ。

１００mを走り切るのに、ボクは2分以上かかってしまう。普通なら、遅い子でも20秒程度だ。そこで、先生が「じゃあ、ヒロだけ途中からのスタートにしようか。半分の50mでどうだ」との提案。

「今年のゲームは、○×ゲームをすることにしました。○だと思う人は首を縦に振り、×だと思う人は首を横に振ります。（中略）先生。今年は乙武くんがいるでしょ。乙武くんは、こうしないと参加できないでしょ」

あたりまえのことのように言う子どもに、先生方は顔を見合わせ、しばし返す言葉がなかったという。

これらはほんの一部の抜粋でしかありません。乙さんの周りにいた人たちはみんな、工夫をこらして、彼と生きている。年齢が若いからというのもあるかもしれないけど、すごく柔軟にルールを変えていきますよね。大人もこれぐらいカジュアルに変わっていけばいいんだと思います。

それにしても、乙さんに対する周囲の人たちの「神対応」、ちょっとやり過ぎなんじゃないかと思うくらいです。小学校や中学校で足が速いやつなんて、そこが人生のピークなんだから、ちゃんと目立たせてやって欲しいですよね（笑）。

こうして、この本の主役は「彼の周りの人たちだった」と気づいて読み返してみると、乙さんの個性というのはますます、手足がないことというよりも、周りにルールをどんどん変えさせる「我の強さ」なんだと感じますよね。僕たちはいつも、肩書きや見た目など表層的な特徴でレッテルを貼りがちですが、それに惑わされすぎない方が、居心地のいい付き合い方ができると思います。僕はそんな我の強い乙さんが面白くて大好きです。

いずれにしても、社会の中で自分よりも不便な思いをしている人、不利益をこうむっている人がいたら、乙さんの周りの人たちのチャレンジ精神を思い出してみてください。当事者の勇気やアクションはもちろん大事。でも、周りの人の優しさやアクションの方が、もっと説得力を持つときもあるんです。

例えば、社会的に弱い立場になりやすい女性たち。男社会で差別されている女性がいたら、本人が主観的な声をあげるより、周りがサポートしてあげる方が状況を良くするかもしれません。「体力がなくて困っている」という女性がいたら、同僚が、人事部にかけあって新しい時短勤務制度をつくってみるのはどうでしょうか。あるいは、バレンタインの義理チョコにウンザリしている女性社員がいたら、男性社員が率先して「義理チョコ廃止、賛成！」と宣言してみてはどうでしょうか。

立場の弱い人、不利益を感じている人が、みずから声をあげるのはとても難しい。だからこそ、周りにいる人たちがいつも、重要な鍵を握るのです。

作られたルールに従うだけでなく、時にはルールを生み出す側になると、見える景色が変わります。乙さんの同級生たちは、幼い頃からルールを疑い、ルールを生み出し、ルールを楽しんできた人たちです。冒頭で、彼はルールを作るのがうまいと書きましたが、きっとそれは、彼がむしろ、周りの人たちから学んできた姿勢だったのかもしれません。

彼と共に過ごした周りの人たちは、自分が見ていたのは健常者にとっての限定された「社会」であることに気づき、そのうえで、乙さんを障がい者の「社会」へ分断するのではなく、いっしょに生きていける、乙ちゃん学級の「社会」をつくりあげていきました。それは、理想的な形だと僕は思うのです。

いつでも自分なりの「社会」を定義し、その中でルールを作り、助け合う。

少し前の彼は、ソムリエの僕にワインを教えてほしいと相談してきたので、僕は定期的にワイン会をひらいていました。でも1年ほどたつと、いつの間にか彼がテーマに合わせたワインを準備し、教える側に回るようになりました。相変わらず、仲間を先回りして楽しませてくれるリーダーです。

7章

山田詠美『ぼくは勉強ができない』

ムキになって成長を目指す前に、ありのままに身を委ねる「大人観」。

あらすじ

『ぼくは勉強ができない』

主人公は17歳の高校生、時田秀美。勉強はできないが、クラスでの人気はまずまずでムードメーカー的存在だ。バーで働く年上の桃子さんと交際している。家では母親と祖父の三人暮らしで父親はいない。幼い頃から、周囲に押し付けられる〝常識〟に反発し、自分らしさと向き合ってきた秀美。「退屈な大人になんてなりたくない」と考える彼の目線から、高校生の日常を描いた青春小説。

１９９３年、新潮社より出版。登場人物らが作り出す独自の世界観が人気を博し、高校の国語教科書の題材になりかけたが、作中の「馬鹿だから」というセリフなどが差別的であるとして採用に至らなかった。山田詠美は「ばかばかしくて、お話にならない」などと反論。「小説」と「教材」の関係性についての議論などを呼んだ。

著者

山田詠美

１９５９年、東京都生まれ。明治大学文学部中退。１９８５年『ベッドタイムアイズ』で文藝賞を受賞。同作品は芥川賞候補にもなり、衝撃的なデビューを飾る。主な作品に『ソウル・ミュージック・ラバーズ・オンリー』『A２Z』『ジェントルマン』など。

高校生の頃、勉強してた？　いい大人たちがムキになる「青春時代」の話。

「高校生の頃にこの本に出会ってたら、東大なんて行ってなかったかも……」

僕の知り合いで東大出身の女性編集者が、ふとつぶやきました。山田詠美さんの小説『僕は勉強ができない』について話していた時のことです。

主人公の男子高校生・秀美が「勉強が出来ない」ことを堂々と公言しながら、恋に友情に、家族関係にと、青春を謳歌するこの小説。17歳という、大人と子どもの間を行ったり来たりする若者たちの心の揺れ動きは、懐かしくもあり、どこかドキっとする部分もあります。

そんな小説に「早く出会いたかった」というバリキャリ女性。話を聞いてみると「10代の頃は、勉強するのが当たり前だと思っていたし、いい成績が出れば先生も親も喜ぶし、いま考えると、何の疑いも持たずに社会が敷いたレールの上を前だけを見て走ってた」といいます。

僕はこれにびっくり。「えー、東大に入るような頭のいい人が、何の疑いもなく勉強だけするなんてあり得るの？」と思わず聞き返してしまいました。僕は、勉強って何で必要なんだ？　と勉強そのものに疑問をもっている学生だったので、そんな人もいるんだなと驚きました。

一方の僕は、この本を「中学や高校の頃って、みんなこうだったなぁ」とノスタルジックな気持ちいっぱいで読み進めました。秀美は、どこか冷めた目で世界を見ていると思えば、自分のことにはカッと熱くなったりする。迷いやダサさも含めて、リアリティがあるキャラなんですよね。

そんな秀美たちを〝いい大人たち〟が、思い思いの受け止め方をしている『僕は勉強ができない』。この本を読んだ大人たちが、つい自分の過去を引っ張り出して会話してしまうのは、大人になると誰も言ってくれなくなるようなメッセージを投げかけてくれているからだと思います。

問題をいちいち解決しようとしない青年に学ぶ。

主人公の時田秀美は、率直で明るい性格の、クラスのムードメーカー的存在。学級委員を決める投票で、学年トップの秀才・脇山に次いで多くの票を集め「書記」に任命されると、壇上でみんなの「好意的な笑い」を集めてしまう垢抜けたキャラクターです。

いつのまにか、ぼくの名が呼ばれた。くすくすと笑い声が洩《も》れる。いつも、そうなのだ。ぼくが、何か行動を起こす段になると、女の子たちの好意的な笑いが周囲に巻き起こる。そして、ぼくは、それが大好きだ。

同級生の女子たちからも憎からず思われている秀美ですが、本人は年上の桃子さんという女性と付き合っていて、彼女との恋愛やセックスに熱をあげている日々です。落ち着いたバーで働く桃子さんは、いつも秀美を過度に諭すことも導くこともなく、優しく頷きながら話を聞いてくれます。

そんな秀美は、家では母と祖父との三人暮らし。父親はいません。

誰を愛したのか知らないけど、ぼくの母は、ぼくを産み、自分好みに、ぼくを育てた。母の父親、つまりぼくの祖父と、おもしろがって、ぼくを育てたように思える。

こう紹介される秀美の母・仁子《じんこ》と祖父・隆一郎は、それぞれとてもオープンな性格で、家庭内にも開けっぴろげな恋愛トークを持ち込みます。母はデートとなればおめかしして出かけ、フラれると泣いて帰ってくる。祖父は秀美の洋服を勝手に借りて意中の女性にアピールする。祖父も母も、秀美を決して「子供扱い」せず、小さい頃から「いち個人」として接しているのが時田家です。なかなか子供にここまでフェアに接する保護者も珍しい。素晴らしいと思います。

秀美の人生には、本当に多彩で個性豊かな人たちが登場します。学級委員長に選ばれたガリ勉の脇山、派手な行動で目立っている幼なじみの真理、政治家になりたいと言い出すクラスメートの後藤、まつ毛の先まで神経を尖らせて他人に好かれる努力をつづける美人同級生の山野舞子……。

教師も教師でさまざま。秀美の小学校の時の担任・奥村先生は、ヒステリックなほどに社会のルールを厳しく教えようとします。一方で、高校の担任でサッカー部顧問の桜井先生は、熱血指導も説教もなし。生徒と一緒に学校帰りにラーメンを食べて、同じ目の高さで交流するスタイルの教師です。

秀美の目を通して世界を見ると、世の中ってこうまでナチュラルな多様性に溢れていたものかと、しみじみ嬉しくなります。と同時に、色んな人間がいる社会では、ハプニングやトラブルがつきもの。秀美は、当事者になったり傍観者になったり、第三者になったりしながら、一つ一つの〝事件〟に直面していきます。

僕が秀美に好感を持つのは、彼がいざこざを解決しようと乗り出さないところ。トラブルを解決して成長しようとしたり、逆境をバネにして経験値をためようとしたりしない。目の前に起きる〝事件〟を、否定も肯定もすることなく、ただ向きあうんです。

白黒はっきりしないグラデーションの中に身を委ねて生きる。

ものごとを無理に解決しようとしない秀美の態度は、大人の僕たちをハッとさせます。仕事をして、その対価としてお金をもらう、ということが当たり前になっている僕たち大人は、ついつい〝解決グセ〟がついてきちゃうからです。未解決のままそこを漂うのは、やはりどこか気持ち悪さがあるんですよね。

そんな時、立ち戻って欲しいのは、世の中は白黒はっきりしないことばかり、白黒はっきりすると思ったら大間違い！　という現実です。

物語には、奥村というイヤ〜な先生が登場します。秀美が小学校5年の時の担任ですが、子供は教師に対して従順であることが当たり前だと思い込み、純粋な子供たちの尊敬を一手に集めようとするんです。

そこに秀美が転校してきて、クラスの空気を読まず気ままに振る舞うので、奥村は手を焼き、何とか秀美をコントロールしようと躍起になります。最低な行為ですが、感情がうわっと高まって手を出してしまう時もありました。

秀美の目からは、理不尽な大人にしか見えない奥村。でも、彼には彼の、教育にかける思いがあるんだと思います。

奥村だってそりゃあ、秀美のような「自分の個性を生かせる人間」ばかりを社会に送り出すことができたら、〝教師の鏡〟みたいな、かっこいい先生になれたでしょう。教育者を志すくらいですから、若者への期待や愛情はあるはずです。しかし学校を卒業してみんなが飛び出す、現実の社会は、秀美みたいな子をたくさん受け入れる態勢になっていません。「出る杭」は、やっぱり生きにくい。

だから学校で社会通念を叩き込むんですね。ちゃんと勉強していい成績をとって評価されたり、集団生活の中でルールを守ったりすることが、社会に出たあと、理不尽な階級社会を生き抜く上で役に立つから。

本当に残念だけど、社会は数年では変わりません。だったら社会そのものを変えようとするのではなく、個々人がこの社会をサバイブしていけるように鍛えるのが学校の役目かもしれない。たった2、3年そこらしか接することができない若者に、何を教えるべきか。先生たちには先生たちの、それぞれの正義があるんだと思います。

ある時、奥村を飲みに連れ出した秀美の母・仁子は「奥村先生って、かたぶつだけど、あんた（秀美）が言う程、やな奴じゃないわよ。あの人は、単に、学校以外の世界を知らないだけ」と奥村を擁護します。秀美は、勝手な母の言動に呆気にとられますが、僕は、「さすが仁子さん！」とニンマリしてしまいました。

仁子は秀美にほのめかそうとしたのだと思います。秀美が見ている奥村が奥村のすべてではないこと、この世の中に100％完璧な極悪人なんていないということ。こうして色んな価値観の大人に育てられる秀美は、本当に幸せですね。

人生は壮大な「社会見学」。どんな時も「遊びに行くつもり」を忘れずに。

かくいう僕も、部下のホストたちに対して奥村のような態度をとる時があります。「敬語をきちんと喋れ」「TPOに応じた恰好をしろ」などと口うるさく指導する。心の中では、ぶっちゃけそんなのどうでもいいと思ってるんです。でも、ただでさえ「水商売だから」と下に見られてしまう存在なので、世間の常識にあえて合わせる態度も、時には必要です。だから心を鬼にするんです。

ここで大事なのは「あえて」合わせるということ。僕は、思うんです。社会の中で生きるってことを、もっと遊びにいくみたいに考えた方がいいんじゃないかと。まるで旅行にきた観光客のような気持ちで過ごしていれば、変なしきたりも、厄介なヒエラルキーも、おままごとみたいに見えてきます。

僕は今、歌舞伎町商店街振興組合の理事をやっていて、月に1回の定例会に参加しているんですね。「この街の治安維持のために〜」とか「客引き防止のアナウンスを〜」とか、真面目な顔して話し合っています。なぜか全員、いかめしいスーツを着て、資料をじっと睨みつけている。参加し始めた頃は、あまりに馴染めず居心地が悪かったものですが、今では、社会見学にきたつもりで真剣な顔をして座っています(笑)。

最初は腑に落ちない慣習でも、イラっとする前に「あえて」合わせにいってみる。敬語を使うのも「プレイ」。スーツを着て会議に参加するのも「プレイ」。簡単なことを難しく言い換えるのも「プレイ」。不思議なことに、プレイとしてこなしていると、それまで理不尽だと決めつけていたものが、意外と確からしい根拠のあるルールだったり、ゆるがない構造になっていたりすることに気づく時があります。ムキになってないからこそ、色んな人の思いが見えてくるんですね。

例えば、友だちの結婚式を想像してみてください。すっごく楽しくて幸せが溢れてて素敵な空間の中で、新郎新婦の上司や友人のスピーチ、ご家族の振る舞いにヒヤヒヤすることってありませんか？　「野球チームが作れるくらい子どもを作ってください」とか、「内助の功」とか……（笑）。「旦那さんに一生おいしいゴハンを作ってあげてね」などといったスピーチは昔から変わらない定型文のようなもの。使う方も聞く方も慣れてしまっていますが、公然の場で女性にプレッシャーをかけたり、女性に家事を任せることが当然のようにまかり通るのは、いただけません。その発言だけを切り取ると、女性をないがしろにしているようで、心が辛くなります。

だからといって別に、その場で怒りだしたり憤ったりまではしないですよね。結婚式は、大切な友達のハレの日を祝福するために参加しているからです。

理不尽な社会や、意味不明なルールを「クソだな！」と恨むのは簡単だけれども、社会に「遊びに来てるんだ」くらいの気持ちで眺める時もあっていい。「あえて」合わせるという心のギアチェンジみたいなことができたら、この世界はもっと優しくて、心地いい場所になるのではないでしょうか。

奥村みたいな人は世の中にたくさんいます。変なルールや押しつけもある。でも、そういう世界に遊びに来た、と思えば気が楽になるし、秀美の母のように奥村の「意外な良いところ」に気づく余裕だって生まれるかもしれません。

そうはいってもこれは、あくまで大人の意見かもしれませんね。

秀美なら、たとえ結婚式の場であっても「なんでそんなこと言うの？　おかしくない？」と発言するはずです。秀美は人に合わせて「プレイ」をするような青年ではないからです。いつもあるがままの物事をそのまま受け入れ、自分の感情に揺さぶられ、成長も解決も意図せず、単に興味本位で動く。それが秀美です。

誰かを「受け入れる」ことに、さしたる理由なんてない。

小学校5年生の頃の秀美の、象徴的なエピソードがあります。当時、転校したばかりで、友達がいなかった秀美。生徒たちから畏怖されている担任教師の奥村に反抗的な態度を見せていたこともあり、クラスで浮いていました。

そんなある日、秀美は算数の時間に、隣の席の赤間ひろ子が奥村から定規と分度器を手渡される場面を目撃します。その瞬間を、気づかれないように、しかしちゃっかり見つめるクラスメートたち。この異様な一瞬の空気に、秀美は、これまで自分だけが気づいていなかった〝あること〟に気がつきます。

ひろ子は、給食の後にいつもクラスメートから食べ残しのパンを募っている子だったんです。

「パン残した人は、受け付けまーす。あたしんちのお庭に来る鳥さんたちの餌《えさ》に、ご協力お願いしまーす」

声高らかに呼びかけるひろ子の机に、クラスメートは毎日パンを置いて行きました。秀美はずっと、毎日大量のパンが必要な鳥の正体を訝しんでいましたが、この「分度器事件」でハッと気づくんですね。パンは鳥のためではなく、ひろ子の家族のための大切な食料だったのだと。彼女は分度器を買えないくらい貧しい暮らしをしていたのです。そしてそのことを知らずにいたのは、転校生の秀美だけ。彼は、「自分を間抜けだと心から反省」します。

算数の時間が終わり給食の時間になると、秀美はおそるおそる、半分残したパンをひろ子に渡します。すると、ひろ子は激昂し、泣きながら秀美にパンを投げつけてしまいました。机に突っ伏して大泣きするひろ子。クラスメートからの「非難の視線」を受け止める秀美——。

この出来事のあと、クラスの中でも浮いた存在だった秀美は、同級生に仲間として受け入れられました。もしかすると、秀美が「ひろ子の嘘」に気づき、クラスメートのみんなと同じ秘密を共有したことも理由の一つだったのかもしれませんね。

とはいえ、本当の理由を言葉で説明するのは無理だし無駄だという気がします。

実際のところは、秀美がみんなの前でパンを投げつけられて辛い思いをした、というだけ。それが結果として、秀美がクラスの仲間に受け入れられることにつながった。「みんなの前でパンを投げられた可哀想なやつだな、話しかけてみるか」。それだけのことなのかもしれません。

一方のひろ子も、秀美にパンを投げつけた理由をはっきりと自覚してはいないような気がします。

その証拠に次の日、ひろ子と秀美は一緒に帰っています。しかも、ひろ子は秀美を自分の家に招き入れてさえいます。明確な理由があって怒っていたなら、こんなことできませんよね。

秀美はなぜひろ子の家に行ったのか？　ここでも秀美は「パン事件の問題を解決しよう」なんて思っていないように見えます。ただ、彼女の家がどんな様子なのか気になってしまった。興味本位です。

大人なら気を遣ってとてもそんなことできませんが、この悪気のない好奇心が彼らしくていいな、と僕は思いました。

訪れたひろ子の家は、「生活すること自体をあきらめたような気配が漂」うわびしい家で、お婆さんと赤ちゃんがひろ子の帰りを待っていました。

秀美は、何か言おうと試みるも、言葉を見つけることもできず、力なく、淹れてもらったお茶を啜ります。何か答えを導きだすでもなく、その状況を見て感じて、何となくその日は過ぎていきます。

パン投げつけ事件は、起こってしまった。そこに明確な理由はありません。二人とも辛い思いをした。そして、結果的に秀美はクラスに受け入れられた。

一連の出来事は、目標ありきの行動ではなく、ただ起きたこと、その連続だと思います。

人間には「進歩させるべきではない領域」がある。大人になるとは、その領域を大切に守り育むことかもしれない。

僕はよく、「当為より存在」という言葉を好んで使っています。どちらも哲学などで使われる言葉ですが、当為とは「こうあるべき」ということ、存在は「ただそこにある」ことを意味します。物事に対していちいち価値判断をせずに、ただありのままを認める秀美のあり方は、まさに「当為より存在」そのものです。

作者の山田詠美さんは、この小説の「あとがき」の中で、以下のようにつづっています。

私はこの本で、決して進歩しない、そして、進歩しなくても良い領域を書きたかったのだと思う。大人になるとは、進歩することよりも、むしろ進歩させるべきでない領域を知ることだ。

ともすれば、僕たちはすぐに「進歩」や「成長」を求めてしまう。進歩とか成長って、上に向かってまっすぐな数直線の上を歩いているような気分にさせてくれるから、心地いいんですよね。

秀美はパン投げつけ事件をきっかけに、クラスメートに「仲間」として受け入れられます。これは結果オーライな出来事だと思います。でもそれは逆算できるようなことじゃないですよね。「みんなと仲良くなりたいから、ひろ子にパンをあげよう。そしたらひろ子が怒って投げつけてくるだろう。だから、その後はみんなと仲良くなれるぞ！」なんて計算できっこないです。

この事件は「PDCAをまわせば、自分の人間性を成長させることができる！」などという類のものでもありません。「今度はパンを投げつけられても、動揺せずに、優しく微笑みかけよう」なんて無理ですよね。

そこに答えなんてないんです。

人間、わけもわからず、怒っちゃうことがある。泣いちゃうこともある。後悔することだってある。

進歩しない領域、成長できない部分ってそういうことだと思います。

作者の山田詠美さんは、どうしようもない人間の感情のゆれ動きを丁寧に描くことで、理由も理屈もなく、コントロールも成長もできない人間の「存在」について書きたかったのではないでしょうか。それは彼女が「進歩させるべきでない領域」と呼んでいるものだと思います。

日常生活の中で、あらゆる出来事から「人間必ず成長できるものだ！　成長しなければ！」と考えている人は案外多いと思います。

冒頭の女性編集者なんて、まさに成長欲の権化みたいな人です（笑）。「成長を求めすぎ

ちゃいけないんですね、わかりました、成長を求めすぎないように成長してみます」とも
言いかねません……(笑)。
皆さんどうか、時には「当為より存在」で。

8章

平野啓一郎『マチネの終わりに』

大人の恋愛に学ぶ、役割分担の愛より
も「インテリ愛」。

あらすじ

『マチネの終わりに』

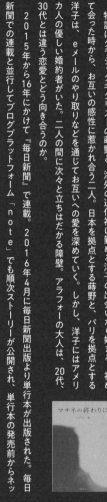

物語はクラシックギタリストの蒔野と、海外の通信社に勤める洋子の出会いから始まる。初めて会った時から、お互いの感性に惹かれ合う二人。日本を拠点とする蒔野と、パリを拠点とする洋子は、eメールのやり取りなどを通じてお互いへの愛を深めていく。しかし、洋子にはアメリカ人の優しい婚約者がいた。二人の間に次々と立ちはだかる障壁。アラフォーの大人は、20代、30代とは違う恋愛とどう向き合うのか。

2015年から16年にかけて『毎日新聞』で連載。2016年4月に毎日新聞出版より単行本が出版された。毎日新聞での連載と並行してブログプラットフォーム「note」でも順次ストーリーが公開され、単行本の発売前からネット上でも多くのファンが感想を投稿。新しい小説の楽しみ方に出会える、挑戦的な作品となった。

著者

平野啓一郎

1975年、愛知県生まれ。京都大学法学部卒業。1998年、文芸誌『新潮』に投稿した『日蝕』によりデビュー。同作にて第120回芥川賞を受賞。三島由紀夫の再来とも評される。以後、数々の作品を発表、各国で翻訳されている。主な作品に『決壊』『空白を満たしなさい』『ある男』など。

恋はいつも、CDや漫画の貸し借りからはじまっていた。

ある日、レストランでご飯を食べていたら、となりの席で男女が「ブラームスのヴァイオリン協奏曲の、あの指揮者がタクトをふっていた」「何年のどこどこで演奏されたバージョンが最高だよね」と話していました。

高いテンションで「そうそう！」「巨匠の演出が……！」と言って盛り上がったりして。そんな場面に出くわしたら、くすぐったくて、なんだか恥ずかしいようにも思えるし、でもどこか「うらやましい」感じもあります。

知識や教養を通して、人と人が急接近していく感じが、僕はすごく好きなんです。アートや音楽、映画の話で相手の中に共通点を見つけて「運命の相手だ」と感じちゃったりする。学生時代を思い返してみても、恋が始まる時って、ＣＤや漫画の貸し借りからじゃなかったですか？（今はすべてスマホで完結するから、そういう恋の始まりもないのかもしれませんが……）

人と人が感性でつながっていく。一見、陳腐に聞こえるけど、愛とか恋とかの本質って結構ここにあると思うんです。芥川賞作家の平野啓一郎さんが書いた『マチネの終わりに』はそんなことを再認識させてくれる本でした。

過去を肯定するために今を生きる。そうすれば、未来もきっと変えられる。

アラフォーの男と女の切ない恋愛を描いたこの小説。青と黄色がにじみ合う表紙が幻想的です。本の帯には、「何歳になっても愛することを忘れないようにしたいです（83歳女性）」という読者の感想が載っていて、すごく印象的でした。83歳の女性が、愛することを改めて考える物語って、すごく素敵じゃないですか？
日本を代表する天才ギタリストの蒔野聡史と、フランスの通信社に勤めているジャーナリストの小峰洋子との大恋愛。蒔野のコンサートの打ち上げに洋子が参加するシーンから物語は動き始めます。賑やかなイタリア料理屋さんで繰り広げられる他愛もない会話。そこで、決定的に恋のはじまりを告げる一言が、蒔野の口から発せられるのです。

人は、変えられるのは未来だけだと思い込んでる。だけど、実際は、未来は常に過去を変えてるんです。変えられるとも言えるし、変わってしまうとも言える。過去は、それくらい繊細で、感じやすいものじゃないですか？

このとき洋子は、他界してしまった祖母の話をしていました。祖母は転んで庭の石に頭をぶつけたことが原因で亡くなったが、その石は幼い頃、自分がよく遊んだ石だったと。洋子の話を聞いていた蒔野のマネージャー・三谷早苗は、洋子のいわんとすることに全くピンときていませんでしたが、蒔野は洋子の気持ちをすっと汲みとります。
子供の頃遊んでいた石、祖母がいた庭、その情景——。祖母の死という出来事をきっかけに、今となってはすべてが幼い頃とはまったく別のものに見えてしまうという洋子の感性に、蒔野は言葉を使ってピタリと寄り添い、同意したんですね。

「未来は常に過去を変えてる」という蒔野の言葉は、僕がホストクラブにいらっしゃるお客様に対して感じている信念のようなものにも通じる部分があります。

こんなことを言うとおこがましいかもしれませんが、僕はホストクラブにいらっしゃったお客様の過去を肯定したいと思いながら日々働いています。これまでホストクラブというのは、お客様自身が訪れたことを「なかったことにしたい」ような場所でした。人生の一時期、ホストにハマってお金をつぎ込んだけれど、それは「はしか」のようなもので、今は足を洗っている。そんな感じで、黒歴史として消去され続けてきました。

でも、僕たちの頑張り次第で、ホスト業界のイメージがもっとよくなれば、いまは「黒歴史」と思っている方でも、将来は「あの時ホストクラブに通っていたから、今の私がある」と自信を持って公言していただけるようになるかもしれない。消したい過去が、誇りたい過去になるかもしれない。僕たちの努力で、お客様の過去は変えられるし、お客様の人生を肯定することができる。そんな風に思うんです。

過去は未来が決めるもの、という意識はお客様だけでなく従業員に対してもいつも頭の片隅に置いています。

僕がホストとして働き始めた20年とちょっと前、歌舞伎町は本当に、世の中の正規ルートからあぶれた者たちの吹き溜まりのような場所でした。みんな親や友達に内緒で歌舞伎町に来て、本名を隠して源氏名で仕事をして、数年で何百万、何千万という金を稼いで、そしてまたクリーンな世界に帰っていく。歌舞伎町での数年は人生の履歴書から〝なかったこと〟にされる。それが普通でした。

でも今は違います。多くのホストが、人生のキャリアを築く場所としてホストクラブを選ぶようになっています。源氏名を使うホストも随分減り、本名でお店に立っているやつの方が多いくらいです。そうして考えてみると20年前の「俺は昔ホストでした」という言葉と、今の「俺は昔ホストでした」という言葉は、もう同じ意味ではない。蒔野の言葉になぞらえれば、業界のあり方が変わっていけば、そこで働いていたという過去の持つ意味は変わる。恥ずかしい過去は、恥ずかしくない過去にできると思うんです。

さらに僕は、従業員やこの業界で働く若い子たちが、ホストとしての経験を、むしろ「誇るべき過去」として振り返ることができるような未来を作っていきたいと思います。世の中からはみ出たやつらの溜まり場ではなく、かっこよくて思いやりと教養がある人間が集まってくる場所にしたい。将来、ホストという職業が「一流大学を出てないとなかなかなれませんよ」みたいな感じになったら、面白いですよね。そうなった時、ホストクラブには、洋子みたいなお客様がたくさんいらっしゃるようになるかもしれません。

「家庭的な愛」より「インテリ愛」の時代。好きな人とは感性でつながろう。

さて少し話が飛んでしまいましたが、蒔野と洋子の恋愛は、人と人が教養や感性でつながることの尊さを僕たちに教えてくれます。

洋子は世界的な映画監督の娘であり、名門大学を卒業し、何カ国もの言葉を操り、フランスの通信社でジャーナリストとして働く、バリキャリ女性です。さらに容姿端麗ときていますから、全てを持ちすぎています。

そうしたエリートすぎる自分に「嫌気が差して」とも書かれていますが、自ら手を挙げて、危険なイラクを取材して仕事に打ち込んでいる。現地ではテロに巻き込まれ、命の危険にさらされるシーンもあります。

そんなバリキャリ洋子は、家族思いで優しいアメリカ人の恋人・リチャードと婚約していました。イラクにいる洋子の身を案じ、毎晩スカイプで「帰国したら結婚しよう」と誓ってくれるリチャードに洋子は安らぎを感じていました。

そんな洋子の人生に、突然現れてしまったのが天才ギタリストの蒔野です。芸術家で、文化やアートへの造詣が深い蒔野。イケメンでプレイボーイ風な彼の中に、洋子は些細な、でも重要な自分との共通点を見出します。洋子は蒔野に、急速に惹かれてしまうんですね。

家庭的で献身的なリチャードと、インテリで刺激的な蒔野。

洋子は戸惑います。ずっとバリキャリで生きてきた彼女は、ハードな仕事の真逆にある、リチャードとの「家庭的」な〝オフモード〟の安らぎこそ、自分が求めるべき幸せだと思っていたからです。しかし、蒔野との出会いで幸せの定義が揺らぐ。仕事への情熱や教養をぶつけ合う、蒔野との〝オンモード〟の「インテリ愛」が、洋子に高揚感やときめきをもたらしたんですね。

初めて出会った夜、二人の「インテリ愛」を象徴するようなシーンがありました。

コンサートを終えた蒔野の楽屋を訪れた洋子は、蒔野がアンコールで弾いた楽曲を褒め称えます。それは、彼が内心、その日唯一満足のいく演奏ができたと思っていた曲でした。洋子はグールドというピアニストを引き合いに出し「グールドのピアノがずっと好きでしたけど、これからは、蒔野さんのギターを聴くことにします」と告げる。その後、二人の会話はこんな風に続きます。

「(グールドは)僕とは比較にならない大天才ですけど、一つだけ共通点もあるんですよ。」

「何でしょう? 寒がり?」

「あー、それもちょっとあるかな。――コンサートが嫌いなんですよ、僕は。」

洋子は、なぜかそれを軽く受け流すように、

「それじゃあ、今日は、立派に〝野蛮な儀式〟に耐えてみせたんですね。」と、彼の目を数秒間見つめた。

「野蛮な儀式」という言葉は、グールドの言葉の引用でした。会話の途中でググることもなく、軽快に進むやりとり。相手の教養レベルを信頼しているからこそできる、インテリ同士の会話ですよね。陳腐な言い方ではありますが、お互いを高め合える関係とでも呼ぶべきでしょうか。そうした関係性が一瞬で積み上がってしまったのを、洋子も蒔野も感じるんですね。

蒔野に惹かれる洋子は迷い、葛藤します。40歳という自身の年齢も、出産のリミットという点で洋子自身を追い詰める。今このタイミングで、「夫」として「父親」として、申し分のない家庭的なリチャードを捨てることができるのか？

洋子はグズグズしていますが、僕が友人だったら迷わず洋子に言ってあげたいです。「蒔野を選べ」と。

夫の三歩後ろを歩く妻……。「内助の功」を美徳としていいのか？

家庭的で優しいリチャードのことを、洋子は「重要なのは、彼と生活を共にすることであり、彼が父親として相応しい人間であるかどうかだった」と言っています。極端に言ってしまえば、これから持つであろう子どもの父親としての役割がリチャードの存在意義なんですよね。

物語には、リチャードと共通点をもつ女性が登場します。蒔野のマネージャー、早苗です。ギタリスト・蒔野を輝かせるために、スケジュールやタスクの管理をはじめ、あらゆることに全力を尽くす早苗。少しでも彼の役に立てるように、クラシックギターのことを勉強し、蒔野からの信頼を得ようと努力をしています。彼女もまた、マネージャーという役割をまっとうすることで、存在価値を高めようと努力しています。

むかしの男女というのは、リチャードや早苗が見せるような「役割分担の愛」で繋がっていたことが多い気がします。僕の実家でも、外で働いていた父は、家に戻っても仕事の話をしなかったし、母はそれを特段聞かない。映画や本の話を二人がしているのは、あまり見たことがありません。父親として、母親として、それぞれの役割にこだわることで積み上げられる愛だったんです。

「内助の功」という慣用句がありますよね。例えば、日本人の方がノーベル賞を受賞すると、必ずと言っていいほどその人の妻は「ノーベル○○賞を支えた内助の功、△△さん」などといって紹介されたりします。夫が外で活躍できるように妻が家庭内で精一杯支える、という意味の言葉ですが、まさに「役割分担の愛」です。それはそれでカップルの愛の姿のひとつ。お見合い結婚も多かったような僕らの親の世代（団塊の世代）までは、このパターンが多かったと思います。

でも、今は少し変わってきているような実感があります。恋愛のかたちも、家族のかたちも、徐々に自由な形を受け入れる社会になってきましたよね。女性が男性と同じように社会の中で働くようになって、女性のライフスタイルはかなり変わりました。家で完璧な夕飯を準備して男性の帰りを待っているだけではありません。「ＬＧＢＴＱ」など性的マイノリティの権利もようやく認められてきて、そもそも家庭をつくっていくのは「男と女」だけではなくなっています。

役割をきちんと演じていたら幸せが約束されるわけではない。女性だって男性だって「妻」や「夫」という役割をこなしていればいいという時代ではなくなっている。母でもあり、妻でもあり、職場では「部長」だったり「普通の社員」だったり、「店長」だったり「店員」だったりするわけです。あるいは友達の前では、ダラダラしたキャラだったりする。そんなゴチャゴチャといろんな顔を持ってしまっている人同士が繋がれるのって「役割愛」ではなく「インテリ愛」を通してだな、と蒔野と洋子から学びました。

「インテリ愛」は、誰でもできる。自分の感性に耳を傾け、相手とのシンクロを楽しもう。

しかし「役割分担の愛」が時代遅れになってきているからといって、いきなり蒔野や洋子みたいなハイブローなインテリ会話ができるか、と言われたら一朝一夕では難しいと思います。僕は蒔野たちみたいな教養とは縁がなくて、埼玉の田舎で生まれ育って、悪さばっかりしているガキでした。高校は男子校で、男ばっかりの世界でラグビーに明け暮れていました。

だから、歌舞伎町に出てきて若くしてホストとして売れたあとは、「洗練された東京」に近づきたくて、身の丈に合わないほどの美味しいモノを食べたり、高級なものを身につけたり、今まで聴いたこともなかったのに、クラシックコンサートやオペラにたくさん行ったりしました。歌舞伎町の飲食店って、味に無頓着なところがあってお酒もごはんも結構ヒドイところが多いんです。それに舌が慣れるのはまずいと思って、勉強してソムリエの資格も取りました。何とか、ハイソな世界に食らいつこうとしてきたつもりです。

それでもやっぱり、子供の頃から教養に触れて育った「インテリ」には絶対かなわないんですよね。だからどうしても洋子や蒔野を見ると、ちょっと「嫌～な感じ」で見てしまう部分は否定できません。

でも、よく考えてみると、大事なところはそこではないんですね。もちろん知識量の多さとか、育ちのよさから滲む気品とか、絶対敵わない部分はあるけれど、二人の間に生まれた「インテリ愛」というのは、僕たちみんなが手に入れられるひとつの愛のかたちだと思ったんです。蒔野と洋子を見ていると、直接会ったりセックスしたりしなくても、心と心が繋がっている。スカイプを通して、何時間でも会話ができるっていい愛ですよね。

音楽でもマンガでも、その辺の風景でも、それらはすべてきっかけにすぎません。相手と感じ方が同じだったり、違ったりしていいんです。同じものを共有しているのに、「これってこうだよね?」と伝えたときに、相手は違う感じ方をしていたということがわかる。最初はびっくりするけれど、別の視点が自分の中に入り込み、〝自分の感情が広がる感じ〟がしてくる。いつも小難しい知識を披露しあうことは本質ではありません。些細な気づきを窓にして、お互いの感情の中にダイブしていくような関係性が大事なんです。

100通りの悲しみを想像し、100通りの嬉しさを共有しよう。

「インテリ愛」は、いわゆる結婚を前提とした男女の関係だけで築く関係ではありません。色々な人間関係に適用されるものだと思います。僕たちホストであれば、お客様と「インテリ愛」で繋がらなくてはなりません。そこで僕は、新人ホストに配っている「ホストの心得」という冊子に、こんな文章を載せています。

本を読み、映画を見る。感性を刺激するものに触れていることを意識し、教養を身につけることを意識し、与えられる人になる努力を惜しまない。

我々は幅広い教養を身につける。

従業員は教養を身につけて、大切なお客様とのインテリ愛を築いて欲しい。ギラギラしてて、お酒が強くて、豪快に遊んでいるというホストのイメージもいいけれど、そのイメージの奥にある個人としての面白みで、人と繋がっていかないと。「妻とはこうあるべき」「結婚ってこういうもんだ」「ホストってこういう人なんでしょ」という「役割分担の愛」は、すぐに思考停止を引き起こします。

人が悲しいときに、100通りの悲しみを想像できる。人が嬉しいときに、100通りの嬉しさを共有できる。どこまでいっても思考停止を起こさず、自分と相手の関係の中に無限の広がりを感じることができる。人間関係の醍醐味というのは、他人と触れ合うことで、自分の感情の幅を広げていけることではないでしょうか。そして、音楽や映画などといった教養が、それを大いに手助けしてくれるのだと思います。

恋愛は、役割を押し付けられると、離れたくなるものです。でも「インテリ愛」で人と繋がっていくと、恋愛が積み重なった人生の方が、幸せなんじゃないかな、と僕は思えてくるんですよね。

9章

東野圭吾『容疑者Xの献身』

世界絶賛のトリックよりも気になってしまう、一方的な「女性観」。

あらすじ

『容疑者Xの献身』

天才数学者としての才能を持ちながらも、高校で数学を教えている教師の石神は、アパートの隣人で近所の弁当屋で働く花岡靖子に好意を抱いていた。ある日、靖子と娘の美里が、靖子の元夫を殺害したことに気づいた石神は、2人を守るために完全犯罪を企てる。石神の仕掛けたトリックに挑むのは、〝ガリレオ〟こと天才物理学者の湯川学。ガリレオシリーズ初の長編。

２００８年、福山雅治（湯川学）、堤真一（石神哲哉）、松雪泰子（花岡靖子）などが出演し、映画化された。

２００３年から文芸誌『オール讀物』に連載され、２００５年8月に文藝春秋より出版された。第１３４回直木賞を受賞。アメリカでもっとも権威のあるミステリー小説の賞であるエドガー賞の候補作にもなるなど、そのトリックは国内外から高い評価を得ている。

著者

東野圭吾

１９５８年、大阪府生まれ。大阪府立大学工学部卒業。エンジニアとして勤務しながら、85年『放課後』で第31回江戸川乱歩賞を受賞しデビュー。ミステリー作家として次々に作品を発表し、高い評価を得る。作品の多くが映像化され、海外でも翻訳出版されている。主な作品に『秘密』『白夜行』『ナミヤ雑貨店の奇蹟』など。

男の理想は、「か弱い美人」なのか。

女性は美人で、健気で、か弱いほど良い――。

こうした男性からの一方的な「理想像」はどうして生まれるのでしょうか。僕が経営しているホストクラブにも、日常生活の中で周囲から要求される「女らしさ」のプレッシャーを感じて、くたびれているという女性客の方がよくいらっしゃいます。

女性の側も、いちいち相手を正したり議論するのが面倒で、求められている役割を何となく演じてしまうこともあるようです。いちいち戦っていると、「結局消耗するのは、私」なんだとか。

「自分が守ってやらなければならない」弱い存在として女性を扱い、ヒーローを気取る男性っていませんか？　そういう態度は、女性をバカにしていると思いますし、僕はあまり好きではありません。

とはいえ、「男性たちは相変わらず、古い価値観を持っているな」と一蹴して片付けてしまうのも、褒められた態度ではないと思います。女性を〝下〟に見る態度は「古い」のではなく、そもそも「間違って」いるのです。

世界から大絶賛のトリックよりも、女性の描き方が気になってしまう。

さて、『容疑者Xの献身』は現代日本を代表するミステリー小説です。天才物理学者、湯川学が大学の同級生で警視庁捜査一課の草薙俊平の相談を受けて、次々に難解な事件のトリックを解いていく「ガリレオシリーズ」。その中でも、もっとも人気と評価の高い作品と言えるのではないでしょうか。

2005年に刊行されると、ほぼすべての選考委員からトップ評価を勝ち取って直木賞を受賞。福山雅治さんが主演となって映画化もされました。海外からの評価も高く、アメリカのミステリー界で権威のあるエドガー賞の候補にもなりました。

ここまで世界を虜にした驚愕のトリック。「素晴らしい」「圧倒的」と絶賛する人々に反して僕はどこかモヤっとした気持ちをぬぐいきれませんでした。

僕自身も東野圭吾さんが生み出してきた数々のトリックの大ファンだからこそ、この作品を通して読者が受け止める「男女観」についてきちんと立ち止まって考えてみたい。そう思ったんです。

「純愛」と絶賛されているが、ただの「自己陶酔」……？

物語は、湯川の大学時代の友人で高校の数学教師、石神を中心に進んでいきます。

石神は、数学を愛していて、これといった交友関係も趣味もない地味な生活を送る中年の独身男。アパートの隣人で、近所のお弁当屋で働いている靖子に密かな恋心を抱いています。

事件は、靖子のところに、金の無心をするために元夫が訪ねてくるところからはじまります。ギャンブルや暴力が原因で離婚した靖子ですが、元夫はしつこく靖子を付け回し、この日は家まであがりこんできてしまいました。口論の末、元夫から「おまえは俺から逃げられないんだ」と言われ、靖子は娘の美里の手を借りて、元夫を殺害してしまいます。

殺人の事実を知ったのは隣人だった石神です。パニック状態の靖子と美里から状況を聞くと、「自分が守らねばならない」と使命感を心に燃やします。

石神は靖子たちが罪から逃れられるように、状況を整理し、天才的なトリックを考えます。整合性のとれたシナリオを作り上げ、淡々と実行に移していきます。

靖子はシングルマザーとして美里を育てています。この〝か弱き〟2人の女性の未来を守るために、自分の手を汚すことすら厭わない石神。彼の考えたトリックは、何度思い返しても背筋がゾッとしてしまうくらい大胆不敵でほぼ完璧でしたが、湯川というもう一人の天才の前に、事実がだんだんと明るみになっていきます。

靖子は、石神がどんなトリックを仕掛けたのか、終盤まで知らされてはいませんでした。ただ、石神の言う通りに振る舞い、彼のシナリオの最重要人物として、与えられた「役」をこなします。当事者であるはずが、単なるマリオネットになっています。

さて、この物語のタイトルは『容疑者Xの献身』ですが、石神の行動は本当に「献身」

なのでしょうか。試しに「献身」という言葉を辞書でひいてみると、《自分の身をささげて尽くすこと。ある物事や人のために、自分を犠牲にして力を尽くすこと（大辞林）》とあります。

なるほど。靖子の人生を守るために、石神は自分の身をささげて尽くしたように見えます。しかしこれって本当に靖子の「ため」になっているでしょうか。靖子のため、と言えるほど、靖子を一人の人間としてリスペクトし、「尽くして」いるでしょうか。

僕は、全然そうは思えませんでした。

僕の目からは、石神が靖子を心の底から愛しているように思えませんでした。むしろ、靖子たちを「守る」という使命感によって、自分自身に「陶酔」しているように見えました。「俺は束縛なんてしないよ」「俺はあなたが笑顔で幸せに生きてくれているだけでいいよ」という、一方的な美徳の押し付けですよね。

ちょっと考えてみて欲しいのですが、靖子は自分をかばってくれた人の犠牲の上で、のうのうと生きていけるほど単純な人なのでしょうか。もし本当に石神が靖子をそんなのんきな女性だと思っていたなら、やっぱり完全に、彼女を見下していますよね。

「私なんて……」と涙する女性より「男なんて簡単っ」とほくそ笑む女性を見たい。

「美しくてか弱い女性を自分が守らなくては……」

そういった勘違いは、世の中に溢れています。女性は自分より劣った存在だという刷り込みが、事実、多くの男性の脳内にはびこっている。恋愛もそう、職場でもそうです。女性は自分より「下」だとデフォルトで思い込んでいることにより、「自分が何とかしないと」と歪んだヒロイズムを振りかざしてくる男たちがあとを絶たないのだといいます。

少し話は変わりますが、2018年の夏、ある私立医科大学の入試で、男女差別があったというニュースが話題になりました。女子受験生は一律で点数を操作され、合格者数を抑えられていた。憲法に守られた民主主義国家で、こんなわかりやすい不平等が横行していたことに絶句しましたが、ここにも「無意識に女性を見下す男性心理」がはびこっているように僕は感じました。

「医師の仕事は過酷だから、女性にはしんどすぎるんじゃないか」「医師のキャリアは男性でないと務まらない」などという、偉いオジサンたちの思いがこのような〝不平等入試〟を招いた気がしてなりません。思い込みと権力とが合わさって、女性の生きづらさというのはなかなか改善されないのではないか――。僕はそう思います。

さて、話を小説に戻しましょう。

靖子は女性であることによって、石神に自分を「庇護の対象」だと思わせてしまった。靖子は小説内で「私だけ幸せになれない」なんて、絶対言っちゃダメです。

自分の為に罪を犯した石神が出頭した後に「男なんて簡単簡単～♪　ちょろいな」と言いながらシャンパンで乾杯するような、ある種〝恐ろしい〟女性だったら良かったのに。

「何であんな女のために頑張るんだよ！」と読者が地団駄を踏むような女性が登場して初めて、石神の恋や愛は、報われない本当の献身として成立する気がします。

そういえば、直木賞の選考委員の五木寛之さんは、選考会の中でこの小説を「推理小説として、ほとんど非のうちどころのない秀作」と評価しながら、以下のような指摘も残しています。

「男たちを惹きつける何かを持った靖子という女のオーラがつたわってこないの（略）が私にとっては不満だった」

僕はこの指摘に完全に同意です。「シャンパンで乾杯～」はもちろん極端ですが、石神の目を通して新しいタイプの女性像を見てみたかった気もします。

愛とは、主人公の座から降りて、相手をリスペクトすること。

石神の靖子への愛の稚拙さが気になってしまった僕ですが、彼の数学への愛の描き方は抜群にうまい小説ですよね。まるで人を好きになるみたいに「数学」に心を奪われる男性っているんだなと面白く読めました。

僕がこの小説で一番好きだったのは、とある生徒から「なぜ数学を学ぶ必要があるのか。時間の無駄だ」と石神が問われるシーンです。石神は、数学は「世界につながる窓なんだ」と説きます。

「いっておくが、俺が君たちに教えているのは、数学という世界のほんの入り口にすぎない。それがどこにあるかわからないんじゃ、中に入ることもできないからな。もちろん、嫌な者は中に入らなくていい。俺が試験をするのは、入り口の場所ぐらいはわかったかどうかを確認したいからだ」

このシーン、石神が心から数学というものを愛していることが伝わって、僕は一番好きです。もしかすると『容疑者Xの献身』は、石神の靖子に対する「献身」ではなく、石神の数学に対する「献身」だったのではないでしょうか。彼は、数学を愛していた。だから、数学的ロジックに基づくトリックに、文字通り身を捧げることができたのだと思います。

数学を愛するように、僕は何かを愛したことがないから羨ましいです。恋愛は、相手がいるから不安定です。ふてくされたり、態度を変えたりするのが人間ですが、数学はじっと向き合えば必ずその分だけ答えてくれるように思えます。

石神は刑務所に入っている間、愛する数学と向き合えることに無常の喜びを感じています。目の前の壁にある染みで、図形の問題を作ってみたり、座標計算を繰り返したりしています。「何も見えなくても、何も聞こえなくても」頭の中で数学の問題を解き続けられる限りは、「(刑務所でさえも)無限の楽園」なのだと書かれています。

見返りがなくても、相手が目の前にいなくても、まぶたの裏に浮かび上がらせて、思いを馳せるってある意味「究極の愛」なのかもしれませんね。

ところで、超天才の石神の犯行に、超天才の湯川が気づくきっかけが、石神の「身だしなみ」だというところには、僕はちょっとした〝希望〟を感じました。

物語のクライマックスシーンで、湯川が最初に石神を疑い始めたきっかけについて話します。

それは石神が、鏡に映った自分と湯川を見ながら、「君はいつまでも若々しい、自分なんかとは大違いだ」と言って、自分の髪の毛を気にする素振りを見せた時でした。

容姿なんて気にする性格じゃなかったのになぜ？　と違和感を覚えた湯川は、彼が恋をしていると気づくんですね。

僕たちホストは誰かの身だしなみの変化には瞬時に気がつきますし、必ず口に出して伝えるように1年目の頃から教育されます。

「髪切りましたか？」「その洋服、いつもと雰囲気違いますね」といった具合に。

ホストなら全員、間違いなく石神に言ってしまうでしょうね、「あれ、お前そんなの気にしてたの？　好きな子できた？」と。

10章

林真理子『野心のすすめ』

自分の身の丈を熟知し、楽しむ。僕が
伝えたい「品性のすすめ」。

あらすじ

『野心のすすめ』

「有名になりたい」「作家になりたい」「結婚したい」「子どもが欲しい」――著者の林真理子は、周囲に「無理」とも言われた願いをすべて叶えてきた。中学時代はいじめられっ子、就職試験では全滅、電気コタツで震える貧乏生活も経験した。それでも誰もが知る有名作家にまで上り詰めた鍵は「野心」を持つこと。安定志向の世の中に、「身の程よりも上」を目指す重要性を説く自伝的エッセイ。

２０１３年、講談社現代新書より出版。自身のポートレート写真と、〝高望みで人生は変わる〟というキャッチコピーを帯に据えた同書は、45万部を売り上げている。

著者

林真理子

１９５４年、山梨県生まれ。日本大学藝術学部卒業。コピーライターとして活動後、１９８２年、エッセイ集『ルンルンを買っておうちに帰ろう』でデビュー。同作は大ベストセラーとなる。その後も次々と作品を発表。日本を代表する女流作家の一人となる。主な作品に『最終便に間に合えば』『西郷どん』など。

40代は、「野心」について何を考えればいいのか?

1980年代、女性がまだまだ「男性の三歩後ろを歩くたおやかさ」を求められていた頃、女性の生々しい本音をあけっぴろげに綴ったエッセイ『ルンルンを買っておうちに帰ろう』で一躍有名になった林真理子さん。一時はテレビに引っ張りだこで〝お騒がせ文化人〟的な扱いで脚光を浴びました。その後、一転してテレビ露出を控え、小説家として堅実に作品を世に出されています。ご自身も直木賞を受賞し、今は選考委員も務めていて、文壇の超大物として君臨しています。〝王様〟という感じでしょうか。

そんな林さんが、安定志向の若者たちを叱咤激励するために書いた自伝的エッセイが『野心のすすめ』です。これまで実践してきた生き方のノウハウが、これでもか！　というほど詰まっていて、文庫版と合わせて累計45万部も売れているそうです。東日本大震災から2年、日本全体が下を向いていた時に、「上を向こう」と呼びかけたのは意義深かったのでしょう。「はじめに」の中で、林さんは、こんな風に書いています。

人は自覚的に「上」を目指していないと、「たまたま」とか「のんびり」では、より充足感のある人生を生きていくことはできないのです。

自分の身の程を知ることも大切ですが、ちょっとでもいいから、身の程よりも上を目指してみる。そうして初めて選択肢が増え、人生が上に広がっていくんです。

冒頭から煽りがすごいですが、最後までこのペースが続きます。いやぁ、ハングリー精神が半端ない。とはいっても、歌舞伎町の競争社会ではこれくらい強い野心がないと生きてはいけません。軽い気持ちで歌舞伎町の門戸を叩く若いホストたちに、競争を勝ち抜くための武器として読ませるには、もってこいの本です。言い訳ばかりしていたり、現状から逃げてたりするホストには、すぐにでも読ませたい。

「自分を自分として自覚し、いかに生きているか」が大人の品格。

突然ですが、僕には、ずっと忘れられない言葉があります。高校の時の先生に言われた、「とにかく本を読め、映画を観ろ。それが品格になるから」という言葉です。高校生の当時、「品格」と言われても、あまりピンときていませんでしたが、今思い返すと色々納得する部分があります。先生は、若すぎる僕たちに何度も何度も、その言葉を投げかけてくれていました。

さて、品格って一体何でしょうか。

先生いわく、品格とは「自分を自分として自覚し、いかに生きているか」ということ。

そして、品格を身につけるために大切なのは、自分と対話をすることです。

知識なんて、無いなら身につければいい。「すみません、知らないので教えてください」と他人に助けを求めれば済みます。でも、ものごとの見方や人としての器というのは、他人から教えてもらえるものではない。ただひたすら、自分との対話を繰り返すことで、内側から浮かび上がってくるものなのです。自己との対話を続け、自分について自覚すること。それが品になる。先生はそう言っていたのだと思います。

僕が思うに、大事なのはちょうどよい身の丈を自覚することではないでしょうか。他人から見たときに、必要以上に背伸びしているようにも見えなくて、「いやぁ、僕なんて」と自分で自分を卑下することもない。振る舞いや言動に余計な自己主張が生まれないので自然体でいられる。それが品になるのだと思います。

この「身の丈」を知るのに、役に立つのが「教養」です。色々な本や映画に触れることで、TPOを把握できるようになるからです。

地理や歴史、先人たちの偉業、ロマンチックな名言……。そうしたものを吸収しておけば、今、ここで、自分がどういう態度をとるのが適切なのか？　どのように振る舞えば「ちょうどよい」のか？　外から自分がどう見られているのか？　客観視できるようになる。それが教養の力です。

さて、TPOをわきまえると聞くと、とにかく周りに合わせてしまう「思考停止状態」のように感じる方もいるかもしれません。

「外見よりも中身」「自分が自分らしくあればいい」などともよく言われますよね。しかし、僕はその考え方に疑問です。せっかくキレイなオフィスに呼ばれたら、いつもはTシャツ派でももう少しフォーマルな恰好を選びたいし、逆にみんなでキャンプに行くならば、革靴やロレックスは身につけない。背伸びもせず、卑下もせず、自分から見た自分も、外から見た自分も「ちょうどいい」状態。それが本当に「自分が自分らしい」ってことなんじゃないかな、と思います。

長々と語ってしまいましたが、要は、自分のことが分かっていない、下品な大人になるなってことですね。品格がないと、自分も他人も心地よくない。人に心地よさを与えるのが品格だと思うんですよね。40代になった今、先生の言っていた「品格」という言葉を僕なりに解釈し、大切な仲間たちには伝えているつもりです。

僕は「品性のすすめ」をお伝えしたい。

林真理子さんの「上」を目指す姿勢はあまりに徹底していて、読んでいて痛快なほどです。飛行機はファーストクラス、バッグはエルメスのバーキン、「見栄っ張りの私は、ブランド品が大好きです」と堂々と書かれています。

それに対し、ユニクロ、吉野家など安価なものは「下」とみなし、大人になってもそこに甘んじるのはみっともないのではないか、と苦言を呈しています。

終始一貫して「身の程よりも少し上を目指そう」と読者を鼓舞する林さんは、ご自身が誰よりも「上」「下」のモノサシにどっぷりつかって満喫している。仕事はもちろん、美しさやライフスタイルの価値観にいたるまで、世の中からの評価を大事にして生きている人だと感じました。

僕はそのすべてを否定するつもりはありません。もちろん、他人から評価を得ることは大事です。僕もビジネスパーソンですから、他人様に選んでいただいてメシを食うという商売の原理原則の中で生きています。流行にどう乗っかるか？　どういうところで独自性を出すか？　評判をよくするためにいつも戦略を練っています。ビジネスの現場では他人から見て自分たちが「上」に見えるか、ライバルと比べてどうすれば「下」に見られないか、ということをすごく意識しています。

それに、他人からの評価を求めてしまう瞬間というのは、ビジネスだけじゃありませんよね。誰にだって、たとえば洋服やメイク、持ち物を「かわいいね」「かっこいいね」「素敵だね」と言われたい時だってあると思います。そのために努力することだってあるはずです。僕も「かっこいい」と言われたら嬉しいですし、そういう気持ちを否定する気は毛頭ありません。

ただし、大事なのはここからです。僕は「上」だとか「下」だとかいった世間のイメージに惑わされず楽しんだ方がいいこともあると思うんです。たとえば、林真理子さんのあげていたユニクロの例。実は「ユニクロ以外の服を選ぶ」という点は、僕も同じなんです。

ただ僕の場合、「ユニクロ＝下」だから選ばないのではありません。僕はファッションというものに対して、遊び心をもって選ぶことを、自分なりの大人の嗜みとして捉えているんです。

ユニクロって、安くてモノもいいので、服を選ぶのがラクなんですよね。だから、服にこだわりがなければ、ユニクロ一択になってしまう。それはそれでいいんですけど、僕たちホストはそれだけじゃだめだ、と思ってるんです。

なぜなら、ホスト自身が嗜好の商売だから。暮らしに「なくても済む」ものを余興として選んでいただいている。そんな嗜好の商売をしている僕たちだから、ファッションも嗜好品のひとつとして楽しんだほうがいいというのが僕の持論です。

思考停止状態でユニクロだけを着続けていると、洋服を「嗜好品」として楽しめなくなります。自分たちが嗜好品を楽しむ感覚を忘れると、お客様に「嗜好サービス」として選んでいただくこともできなくなる。

僕たちがホストとしてファッションを楽しむという観点では、何も考えずにユニクロを着続けるのは違うと思っています。時にはブランド品も選んでみるべきだ。個人的にもファッションは好きなんで、みんなもっと楽しんだらいいのに、と思います。

もちろん、ファッションに興味はないけれど、星に興味があるという人もいるでしょう。何十万円もする望遠鏡を買って、星を見る。それが何より楽しい。そういうのもいいと思います。それは、ファッションとは別のところに、「上下」に左右されない、自分自身の楽しみを見出せているからです。

結局、自分は何者か？　自分はどんな世界に生きているのか？　自分は何を気持ちいいと思い、何に怒る人間なのか？　それを知ろうとし続ける姿勢が、人生を自分だけのものにしてくれる。僕の高校の先生の言葉を借りれば「品」なのだと思います。自分が好きなものを「嗜好」として楽しむあり方が僕の「品性のすすめ」です。それによって、他人にも居心地のよさを感じてもらえる自分になれる、と思います。

上だ、下だ、というけれど、それはとても狭い「社会」の話。

『野心のすすめ』の中で、僕の心に引っかかった言葉がありました。女性は結婚して出産したあと、専業主婦になるべきか？　外で働くべきか？　という話の中で、林さんは「外で働こう」と女性たちを励ますんですね。二択であるならば僕も同意です。そして、その理由を、彼女は以下のように書いています。

世の中は理不尽なことで溢れていて、自分の思い通りになることなどほとんどありません。だけど人間は努力をしなければならない。それを社会で働くことで学んでいる。

ただちょっと考えてみてください。ここに書かれている「社会」とは一体どこのことでしょうか？　日本のこと？　あなたがもしかしたら勤めている大企業のこと？　もっと身近な家族や友人のコミュニティのこと？

別にこれは、哲学的な問いではありません。今、急速に女性の社会進出が進み、働き方もライフスタイルも多様化しました。以前のように、清く美しく男性の後ろを歩いていればOKだった時代ではない。当然、女性が変われば男性も変わります。いまは、積極的に家事や育児に参加する男性を「イクメン」と呼びますが、そんなの当たり前すぎて、すぐに死語になると思います。それぐらい急速に、私たちの住んでいる世界の常識は移り変わっています。

「社会」ってほんとうに、魔物みたいな言葉です。実態も何もないのに、まるで本当に存在して、私たちに圧力をかけているような気がしてしまう。でも、僕たちが縛られているつもりの社会規範、常識、流行……は実はとっても曖昧だし、限定的なものです。

たとえば、僕は今までの人生で、先日乗ったタクシーの運転手さん以外で熱狂的な自民党員に会ったことがありません。日本で今一番大きな政党で、自民党総裁がほぼ自動的に総理大臣として僕たちの国のリーダーになる。最大政党なわけですから、日本中に熱烈な支持者がたくさんいるはずですよね。でも、僕の生きている「歌舞伎町ホスト社会」には、自民党支持者がいないんです。ほら、すごく偏ってますよね。

別の例を出しましょう。僕は20歳、21歳ごろからホストとして売れ始めたので、当時からその年齢にしてはかなりの金額を自由に使うことができました。浮かれて流行りのブランド品を身につけていたのですが、当時の地元の友人たちは誰一人気づかない。そりゃそうです、「地方の20歳そこらの男子の社会」の中で、リアリティのあるブランドじゃないんです。見事に誰からも羨ましがられませんでした。

林真理子さんの『野心のすすめ』も、累計45万部を売り上げた大ベストセラーの一冊ですが、この本に感化される人は、ホストクラブには来ないと思います。

お金を稼いで、遊ぼうと思ったとき、『野心のすすめ』に影響を受け、上流階級にいきたいと思っている人たちは、ホストなんて見向きもしないかもしれません。ホストクラブに来ると、「男好き」とか「いやらしい人」だと誤解される可能性があるからです。「ホストに行ってる人」というレッテルは、まだ世間的に良いものとはいえません。

逆に、ホストクラブに来るお客様は、みんな「世間からどう見られようが気にしません」という自分の価値観をもっている方たちばかりです。

ちなみに新宿歌舞伎町にはホストクラブが250軒以上あると言われています。それぞれのお店に毎日お客さんが10人来たとしても、年間で延べ約91万人。こんなにたくさんいるんです。

何をお伝えしたかったかというと、それぐらい自分が普段鵜呑みにしている「社会」というものは限定的で狭いということです。付き合う相手を少し変えれば、その全てが簡単に覆ってしまう。もし「社会」というもののプレッシャーに押しつぶされようとしていたり、順応しなければならないと思い込んでいたりするとしたら、「自分の世界は狭い」ということをまず自覚して、安易に「上」を目指すのをストップしましょう。品性を養うということは、そこからスタートします。

僕がこの本を読んだ時の、ちょっとしたモヤモヤ。それは、たった一つの「社会」というものが存在すると思い込んで、「そこに合わせなきゃ」「努力して上に行かなきゃ」って思っている人が、こんなにもたくさんいるということに対してだったかもしれません。45万部以上売れているということは、少なくともそれだけの数の人は、「野心を持たなきゃ」と、感じているわけですもんね。

僕が部下と「読書会」や「歌会」を開く理由。

そもそも、『野心のすすめ』的な価値観は水商売では当たり前です。歌舞伎町はまさに、『野心のすすめ』の世界そのもの。「人間の価値=稼いだ金額」で、日々自分の存在価値が数字に投影されます。どんな車に乗って、どんな家に住んでいるかですべてが決まる。売れてるやつが偉いし、売れるためにみんな頑張るのは当然。僕も、「別に売れなくてもいいよ。ありのままでいいよ」なんて絶対に言いません。上を目指さないんだったらだめ。稼いだやつが上で、稼げないやつは下というレースは僕も好きでした。

ホストは、野心を煽る業界です。だからこそ、勝ち上がるやつは勝手に野心が身につきます。でも、勝ち上がった後にどうするのか。あるいは、みんながみんな勝ち上がれるわけではないなかで、勝ち上がれないときにどうするのか。

そんなことを考えると、僕は部下のみんなに「品」を身につけてほしいと思います。社会って「上下」以外にも、面白いことがたくさんある。勝ち上がっても、そして、勝ち上がれなくても、人生はそれだけじゃない。楽しむことができる。だから、僕は日々、部下のホストたちに対して「品を持て」と説教するし、ここに書いたようなことを、もっとガミガミ伝えています。

どんなに高いお酒をお客様にご注文いただけるようになっても、どんなにナンバーワンに君臨し続けられても、自分なりに心を育まなければ空っぽな人間のままになってしまうと思うからです。

とはいえ、僕がいくら口で言っても部下はなかなか実践しないので、お店に併設しているサロンで「読書会」や「歌会」を開いて、半ば強制的に、教養を身につけたり品性を養ったりするきっかけとなる場を作っています。短歌研究者賞とかいって、強引に表彰したりして。

はじめは戸惑っていた現役ホストたちも、段々と素直な気持ちを外に出せるようになりました。プロの歌人の方に「ユニークな観点！」と褒めていただくこともあるほどです。

こうして日々「品性のすすめ」を言い聞かせていれば、たまには強壮剤として『野心のすすめ』を読ませてもいいかなと思うんです。若いホストで、言い訳ばかりして逃げているやつにはガツンときく言葉が確かにたくさんありましたから。

勝負はとことん「ゲーム的」に楽しめばいい。

僕がこの本でもっとも共感したのは、「経験を積むことが大事」というメッセージです。経験だけが自分を、いまだかつて感じたことのない気持ちにしてくれますからね。

これまでに感じたことのない気持ちになるというのは、すなわち「身の程」を知っていくということそのもの。

林さんもおっしゃっていますが、何も成功体験ばかりを増やしていけと言うのではありません。失敗でもいいんです。努力をして、結果成功しても、努力をして、結果ダメでも、どちらにせよ自分の経験になります。

いずれにせよ、頑張らなければスタート地点にもたてません。いまの時代って何でもかんでも「辛かったら逃げよう」「頑張らなくていい」という風潮があるような気がするんですが、自分が決めたことなら頑張った方がいいですよ。仕事だってそう。腹をくくって

「やるんだ」と決めたなら、その場所のルールで勝ち上がるべく努力して、経験を積むべきです。

そうして他人との勝負に勝っていくことは、結果として、自分自身の品性をも養ってくれると思います。

頑張らなければ何も経験できない。そんなこと、みんなわかってますよね。でも、頑張るのが辛いという本音もあるでしょう。それは自分が大切にしている価値観を犠牲にしてまでも、「勝つためには頑張らなきゃ」って思うからじゃないでしょうか。

僕は、勝負はとことんゲーム的に楽しめばいいと思っています。

あなたの人間性や人生の全てを勝負に懸ける必要はありません。「上下」があるルールの中で、そのゲームを楽しむ。やるからには勝ったほうが楽しいよね、くらいの気持ちでいいんです。

いざとなったら逃げ道もあります。それは、「上下」ゲームの通用する「社会」から降りて、違う枠組みをもった「社会」へ行くことかもしれません。

逃げ道はたくさんあります。

だからこそ、いま頑張らなきゃいけないことは、ゲーム感覚で楽しんでみてください。

11章

川端康成『眠れる美女』

「一流」と「俺流」のふたつのモノサシで、
「老い」について考える。

あらすじ

『眠れる美女』

舞台は海の近くにある会員制の宿。67歳の江口老人は、薬で眠らされた裸の少女たちの横で添い寝することができるというその場所に興味本位で訪れる。揺すっても話しかけても決して目覚めない美しい少女を眺めながら江口は、過去の恋人や愛人、自分の娘や死んだ母などとの思い出にふける。

1960年～61年に雑誌『新潮』で連載。1961年、新潮社より単行本として出版。毎日出版文化賞を受賞。「老い」を見つめる文学作品として名高く、小説『百年の孤独』で知られるノーベル文学賞作家、ガルシア・マルケス氏にも影響を与えた。日本で2度、フランス、ドイツ、オーストラリアでも映画化された。

著者

川端康成

1899年、大阪生まれ。東京帝国大学国文学科卒業。1921年、第六次「新思潮」に参加。1926年、代表作となる『伊豆の踊子』を発表。その後も執筆活動を続け、1968年、日本人として初めてノーベル文学賞受賞。選考委員からは「日本文学の真の代表者である」とコメントされた。1972年、逗子の仕事部屋で自死。主な作品に『雪国』『古都』『山の音』など多数。

「見た目が命」の職業で、劣化する外見とどう向き合うのか。

ホストは見た目が命。ルックスが良くて清潔感があっておしゃれな方が、女性客から人気を集めます。でも、若々しい方がいいか？　といえば、最近ちょっと傾向が変わってきたように思います。

20年くらい前、ホストの絶頂期は20代前半でした。数年キャリアを積んで自信もついてきているけれど、まだまだ尖っててヤンチャそうなやつが、ナンバーワンに君臨していたような気がします。でも、最近の売れてるホストは、30代中盤が多いです。お客様のニーズが、「酸いも甘いも経験して、人の痛みがわかる男性」という風に変わって来ているんだと思います。20代で全然指名が取れなかったのに、後輩ホストのマネージメントを少しずつ任せ始めた30代になって、急に人気が出てきたやつもいます。

ホストクラブは今、いわゆるプレイボーイに甘い言葉を囁いてもらうだけの場所ではなくなってきています。若さや顔のかっこよさなどといった外見が最大の武器になっていた時代から、お客様がホストとの会話を楽しむ時代に変わってきています。

しかし、少し昔のことを振り返ると、20代から30代前半の頃の僕は、老いていくことへの恐怖をかなり感じていました。周りの後輩たちのエネルギッシュな空気に負けまいと、どこかで対抗心を持っていたし、歳を重ねることによる外見の変化にもやっぱり折り合いがついていなかった。お店を取材していただくような機会があっても、写真を撮られるのにすごく抵抗があって、「僕はいいから若い子たちを撮ってください」なんて言ってましたね。

外見や体力の衰えに対する焦りももちろんあったと思いますが、今になってみると、他人からどう見られるかということを、すごく意識していたんだと思います。人と比べることでしか自分を認められていなかったんでしょうね。

さてさて前置きが長くなってしまいましたが、日本人で初めてノーベル文学賞を受賞した小説家、川端康成の『眠れる美女』は、男の虚栄心や老いへの恐れについて、改めて考えさせられる一冊です。老いは憂えるべきものなのか。そして、人が老いを受け入れる時、その背景にはどんな心の変化があるのか。じっくりと考えさせられました。

裸の少女と添い寝する老人……。見え隠れする男の自尊心は正直、みっともない。

『眠れる美女』は、川端自身が61歳の頃に書いた小説です。主人公は川端自身を投影した部分もあるのでしょうか、67歳の江口老人です。舞台は、海辺にある紹介制の怪しげな宿です。

たちの悪いいたずらはなさらないで下さいませよ、眠っている女の子の口に指を入れようとなさったりすることもいけませんよ、と宿の女は江口老人に念を押した。

こんなミステリアスな書き出しから物語ははじまります。

ここは、不思議な薬で眠らされた裸の少女と添い寝することができる謎の宿。案内人の「宿の女」に誘われて部屋に入ると、裸の少女が寝息を立てて布団で眠っている。客はそこで一晩、セックスなしで共に過ごします。

何とも不思議な体験ができるこの場所に、江口は最初こそ興味本位で足を運んだだけだったのですが、段々とハマっていくことになります。おさわりまではオーケー、それ以上はダメ。ルールを破ろうとするとお世話係の「宿の女」に厳しく釘を刺されます。江口は、誘惑に負けそうになりながらも、何とか掟を守り、幼くて愛らしい子、小柄な子、色気がある子、寝言が多い子……と、訪れるたびに違う子と添い寝を繰り返していきます。

横でぐっすり眠る少女の顔を見たり、身体を触ったりしながら、江口は過去に交際した色んな女性を思い起こします。ある時は、若いときに、京都まで一緒に駆け落ちした女性を。またある時には、出張先の神戸で出会った、外国人商社マンの妻との情事を。

女性を見て別の女性を思い出すのは、男のみっともない性分ですが、さらに虚しいのは、江口が、少女に添い寝する自分と、宿に通う他の客の老人たちを比べてしまうところです。

この宿を訪れる客はみんな「世俗的には、成功者」。お金もあるし、暮らしに不自由もない。でも、彼らは肉体の衰えから、もう女性とセックスすることはできない。江口はそう推察して彼らのことを「あわれな老人ども」と見下します。かたや自分は「まだ男としてふるまえる」という自負心を、たびたびのぞかせるんですね。

（宿の）女は「安心出来るお客さま」と（江口のことを）言ったが、この家に来るのはみな「安心出来るお客さま」のようだった。江口にこの家を教えたのもそういう老人だった。もう男でなくなってしまった老人だった。その老人は江口もすでにおなじ衰えにはいっていると思いこんだらしい。

この家をもとめて来るあわれな老人どものみにくいおとろえが、やがてもう江口にも幾年先かに迫っている。計り知れぬ性の広さ、底知れぬ性の深みに、江口は六十七年の過去にはたしてどれほど触れたというのだろう。

と、こんな具合です。おとろえが「幾年か先に迫っている」と自分でいう人に限って、自分にはいつまでもその瞬間は来ないと思っている節がありますよね。江口が、「俺はアイツらとは違う」と言わんばかりに、自分と自分以外の老人に太い一線を引いているのが伝わります。

「男としての自分」に自信がなくなった時、人は何を頼りにすればいいのか。

少女と添い寝をして、かつて関係のあった女性たちを思い出しながら、過去の栄光に浸る。やけに何度も、同世代の男性と自分をはっきり差別化し、見下す。何だか江口老人が、〝ギリギリの縁のようなもの〟にしがみついているような気がしませんか。

彼は実際、誰よりも「老い」を恐れているように感じます。どんなにお金や地位や名誉があっても、外見の劣化や体力、生殖機能の衰えには抗えません。今まで〝男としての自分〟に優越感を与えてくれたモノサシが通用しなくなってきます。

僕が想像するに、江口が恐れているのは、女性とセックスできなくなることそのものよりも、同世代の男性に比べて「俺は優れている」と感じられるモノサシを失うこと。自尊心を支えてきたモノサシの輪郭が、加齢とともにぼやけてきているような、そんな薄ら寒さが身に迫っているのだと思います。

『眠れる美女』が書かれた昭和30年代後半、日本男性の平均寿命はちょうど江口の年齢ほどでした。そう考えると当時の男性は、今ほど自分の「老い」や衰えと向き合う必要はなく、江口のように「俺は他人より男として優れている」という自信を心の拠り所にしながら、人生を終えていっていたのかもしれません。

しかし、今を生きる男たちは、こんな風に人生を逃げきれません。医療の発展などで「人生100年時代」「長すぎる老後」を迎えることを覚悟しないといけない時代です。2016年の男性の平均寿命は80・98歳。江口の年齢の67歳より軽く10年以上長く、人生は続いていきます。僕たちは、ヘンな優越感やプライドにしがみつきながら死んでいくのではなく、もっとポジティブに「老い」というものと向き合っていかなくてはならない時代にきているんですよね。

他人と自分を比べてばかりいた20代。

先ほど、僕は30歳になる頃まで「歳を取るの怖かった」と書きました。ビジュアルが変わっていくことが嫌で写真は苦手でしたし、極論、いつだって「明日がくる」のが怖かった。今日という日に転がっている大事なものを何も見過ごしたくなくて、朝まで無駄にお酒を飲み続けました。自分だけが知らないオイシイ情報や出来事があるのが許せなかったから、飲み会は絶対に途中離脱せず、最後まで参加して、翌日を丸々ダメにしたりしていました（苦笑）。自虐的に、退廃的に、生きていたと思います。

今、当時を振り返り、「何と戦っていたんだろう」と自問してみると、自己承認欲求からくる負けず嫌いの心だったような気がします。俺ってイケてる？　ちゃんとモテてる？　あいつに勝ってる？　……といった風に。

ホストクラブしかり、商売というのは「ライバルに勝って稼ぐ」のが基本です。だから、すべての物事を「他人との競争」として捉えてしまう癖がついてしまっていたんですね。そうして当時の僕は、他人との比較でしか自分を測れない、「相対的なモノサシ」の中だけで生きていました……。

自分だけの「モノサシ」に気づいた30代。生きるのが楽になった。

考え方が変わってきたのは、35歳を過ぎたあたりからでしょうか。
雷に打たれるような劇的な転機があったわけではありません。しかし、社会に目を向けてみたら、他人との競争だけが世界のすべてではない、と意識する場面がたくさんあったんです。

そのひとつには、自分と全く違う人種との出会いがあります。例えば、アーティストや研究者。あくまで僕が実際に出会ってきた人たちの話になってしまいますが、彼らは普遍的な真理を求め、人類を代表する一つのピースとして邁進《まいしん》しているように見えました。彼らにとって、個人としての相対的な評価はあまり意味がない。「あいつよりいい絵を描こう」などと思うより先に、自分の探求心に忠実に活動している気がするんです。

つまり、いかに自分が他人より幸せになるかを競う「俗世」を生きていない人です。彼らと会っていると、僕は個人としての成功だけを求めすぎていたことに気づかされましたね。

時を同じくして、僕の主な仕事が現場のホストから、ホストクラブ経営者へと変わってきたことも大きいです。従業員一人ひとりの力を引き出すことに気持ちを注いでみると、「AよりBが売り上げてるからAの方が優秀」などといった単純なモノサシだけでは、とてもじゃないけど人間の価値は測れないと実感しました。

歌舞伎町の中でとにかく他人と戦っていた20代を経て、30代で外の世界に触れて、違う価値観で生きている人たちに出会ったこと。現場から経営者へと自分の立場が変わったこと。そのような変化により、僕は相手と比較して上位をとろうとする「相対的なモノサシ」だけでなく、他人に左右されず「自分がどうありたいか」を問い返すための「絶対的なモノサシ」が大切だと感じ始めました。そのころから、生きているのが急に気楽になったのを覚えています。

うまいたとえかわかりませんが、今は、代官山や原宿のセレクトショップで、誰かが選んでくれたオシャレを消費するよりも、神保町の古本街で自分だけの一冊を見つける方が楽しい、という感覚が近いかもしれません。

二つのモノサシのバランスをとりながら生きる。そしたらもっと長生きしたくなる気がする。

当然ですが「絶対的なモノサシ」、つまり自分の感覚や「好きなこと」だけを頼りに生きたほうがいい、と言っているわけではありません。それではただの、独りよがりになってしまいます。

他人との比較は、社会のなかで生きている僕たちにとって避けて通れないものです。それに、自分が誰かよりも優れていると実感したときは、素直に嬉しいと思いますよね。僕も、もし今ホストとしてお店に出たら、やっぱり売上をあげて1位になりたいと思うでしょう。それに、僕の記事が人に読まれて、褒められたら嬉しい。本が売れたら嬉しい。それは当然です。

だから、「売れる」「褒められる」という「相対的なモノサシ」から得られる嬉しさは、生きる活力になると思います。

でも、心のどこかでいつも自分だけの「絶対的なモノサシ」を追求するマインドがあると、誰かと比較し、競争し続けるという生き方が唯一のものではなくなり、〝自分で生きる人生〟も楽しめる気がするんです。

「相対的なモノサシ」と「絶対的なモノサシ」。どちらもイイトコどりして、自分が置かれた状況によってバランスをとりながら生きていくのが、人生100年時代の僕たちのあり方なんだと思います。

人生という波をサーフィンするように、二つのモノサシを器用に使いこなすことができたら、「もっと長生きしたい」って笑って生きられるのではないでしょうか。

40代になった僕は、実は「老い」に対する恐怖をあまり感じなくなりました。「若い＝モテる＝売れる＝勝てる」という歌舞伎町現役ホストの価値観しか持っていなかった頃とは違い、「絶対的なモノサシ」を意識できるようになったからだと思います。

僕は、30代の中盤から歌舞伎やクラシックコンサートが好きになりました。相撲も大好きです。劇場や会場に足を運ぶと、年配のファンの方たちがたくさんいらしています。

色々な楽しい人生経験を重ね、いいものを見てきた方たちが、歳を重ねても夢中になるほど奥深いものなのだと感じ、僕はいつも嬉しくなります。

「老い」を恐れていた頃からは信じられないけど、今は、早く歳をとった方が楽しいじゃないかという気さえしています。

川端の女性描写は見事。でもそれは女性への「愛」とは呼べない。

「老い」というテーマから、僕が人生の二つのモノサシについて考えるきっかけになった『眠れる美女』。ただ、ここで本を閉じてはいけません。

最後になりましたが、『眠れる美女』における少女たちの描かれ方に、一言物申しておきたいところです。

小説に寄せた「解説」の中で三島由紀夫は、この作品を「文句なしに傑作」と讃え、女性の肉体の美しさを描写する江口の語り口を次のように絶賛しています。

ふつうの小説技法では、会話や動作で性格の動的な書き分けをするところを、この作品は作品の本質上、きわめて困難な、きわめて皮肉な技法を用いて、六人の娘を描き分けている。（略）執拗《しつよう》綿密な、ネクロフィリー（注　死体愛好症）的肉体描写は、およそ言語による観念的淫蕩《いんとう》の極致と云ってよい。

確かに江口は、タイプの違う女性の魅力を瞬時に捉え、外見のみで伝えるという高等テクニックを披露しています。でも、表現は美しいけれど、本当の美しさは僕には伝わってきません。それは少女たちに人格がないからです。僕は、人格のないものに「美」を見出すことはできない。

また、江口は少女と添い寝することで別の女性を思い出しています。そして、その女性がきっかけで、またしても別の女性を思い出す……。いつも他の女性と比べることでしか女性を評価していません。それは相手を真摯に見つめていることになるのでしょうか。相手のことを真剣に考えていることになるのでしょうか。真摯に見つめ合うお互いの関係に、愛が生まれるのではないでしょうか。

江口老人の態度は、全ての女性を表面的にしか捉えられていないからこそ生まれていると思います。しかもそれが無意識なんだからタチが悪い。女性を性の対象として、ビジュアルや処女性だけで捉え、個人の人格を無視した態度には違和感があります。女性の「若さ」に価値を見出すのは、自分の「老い」に対する恐れの裏返しではないでしょうか。「相対的なモノサシ」しかもたずに生きてきた老人が、品評会をしているだけなのです。

本当に誰かを愛するためには相手の立場を想像しよう。

僕はこれまで、いわゆる〝女遊び〟をしまくっていた男友達が、突然結婚を決意する瞬間を何度か見てきました。実はそういうのって大体いつも予言できてしまうんです。彼が相手の女性にどう接しているか見ればわかる。対等な相手としてリスペクトしていたら「あ、こいつ、この人と結婚するな」とわかります。

どんなに〝遊び人〟とはいえ、男の方だって、何人もの女性と関係を持ち続けても、相手に人格を認めていないままでは、本当の愛情にはたどり着けない。だんだんと虚しくなってくるんです。僕の経験上、30歳から35歳の間にさまよいはじめる男性が多いような気がします（笑）。心のどこかで女性を見下してきた過去を反省し、対等につきあいたいと思うようになるんですね。

これは、「もっときれいな人と」とか「あいつよりたくさんの女性と」などという「相対的なモノサシ」から、「自分にとってのかけがえのない相手」かどうかという「絶対的なモノサシ」に変わるということではないでしょうか。

メディアやエンタメ作品など影響によって、無意識のうちに、女性を容姿や年齢などの「相対的なモノサシ」で見ようとしてしまう男が、残念ながら今の世には多い。そうではなく、子供の頃から当たり前のように、女性を対等な存在として認識し、成長していくべきだと思います。

若い頃から、とにかく相手の立場を想像する訓練をしましょう。小学校や中学校で、男女入れ替えシミュレーションゲームでもやってみるのはどうでしょうか。スカートを穿いてみてもいいかもしれません。これまで女性が背負ってきた十字架に、男性も気づくことです。そのためにもまず、未来ある若い男の子たちをサポートする大人の僕たちが変わらなければなりません。

他人からの評価に依存するのではなく、自分だけの「絶対的なモノサシ」に磨きをかけなくてはならない。それが、川端康成が後世の僕たちに遺してくれた、現代へのメッセージだったのかもしれません。

12章

太宰治『走れメロス』

メロスになれない僕たちが学べる
「待つ力」とは。

あらすじ

『走れメロス』

妹の結婚式を挙げるために町に買い物にやってきた羊飼いの青年・メロス。そこで、王様が人間不信に陥り、民を次々に処刑していると聞く。激怒したメロスは、王を暗殺するために城に侵入。しかし、いとも簡単に捕らえられてしまう。当然処刑されることになるが、どうしても妹の結婚式を執り行いたいメロスは、親友のセリヌンティウスを人質にすることを条件に、３日後の日没までの猶予を請う。自分を信じて命を差し出してくれた親友のために走るメロス。果たして間に合うのか。

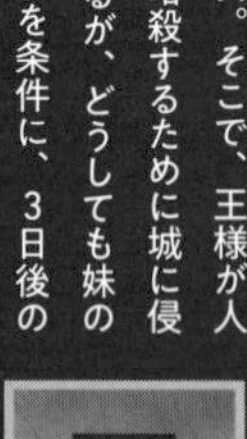

1940年、「新潮」に発表。中学の国語教科書に採用されるなど、幅広い層から読まれている太宰治を代表する作品。

著者

太宰治

１９０９年、青森県生まれ。東京帝国大学仏文科中退。１９３３年、『サンデー東奥』に筆名で『列車』を発表。その後、日本文学史に残る作品を発表し今も人気が高い。女性関係やパビナール中毒など私生活の乱れについて語られることも多い。１９４８年、玉川上水で入水自殺。主な作品に『富嶽百景』『ヴィヨンの妻』『人間失格』など。

『走れメロス』は、シラーの『人質』をほぼ〝完コピ〟している。

僕が働いている新宿から電車に揺られること約20分。東京都三鷹市は、文豪・太宰治が人生の多くを過ごした場所です。青森で生まれて、東京帝国大学（現・東京大学）に入学した太宰は、その後いくつかの場所を転々としたのち、三鷹の地に住み着きました。

愛人と玉川上水で自殺したというエピソードは有名ですが、二人の遺体が発見された6月19日には、今でも太宰の墓を参る人がいるようです。

芥川賞作家で芸人の又吉直樹さんをはじめ、現在も多くの人に影響を与えている太宰治。その時代を超えたシニカルな眼差しには、僕も大いに学ぶところがあります。

そんな太宰の代表的な作品のひとつである『走れメロス』は、人間の皮肉さとピュアさが交錯する面白い作品です。

ご存じの方も多いかもしれませんが、『走れメロス』はゼロから太宰が作りあげた物語ではありません。もともとは古代ギリシャの伝承だったものを、ドイツの詩人・シラーが『人質』という作品にしており、太宰はそれらを参考にして『走れメロス』を書いたと言われています。

ストーリーはシンプルです。

主人公のメロスは、村人をむやみに殺しまくっている王様の暴挙を止めるため、城に乗り込んでいきます。しかし、いとも簡単に捕まって咎められてしまう。甘んじて処刑を受け入れようとするメロスですが、直前になって「妹の結婚式を見届けたい」と懇願し、3

日間の猶予を王様にもらいます。メロスは無二の親友・セリヌンティウスを人質として差し出し、城をあとにします。無事に妹の結婚式を終えたメロスは、約束の時までに城に戻るため、結婚式が開かれた故郷から、友のもとへ全力で走りまくる。くじけながらもひたすらに……。

城までの道のりは困難続きですが、最後はハッピーエンドです。何とかギリギリで滑り込み、セリヌンティウスに懺悔するのです。

「私を殴れ。ちから一ぱいに頬を殴れ。私は、途中で一度、悪い夢を見た。君が若《も》し私を殴ってくれなかったら、私は君と抱擁する資格さえ無いのだ。殴れ。」

これに応じた親友のセリヌンティウス。

「メロス、私を殴れ。同じくらい音高く私の頬を殴れ。私はこの三日の間、たった一度だけ、ちらと君を疑った。生れて、はじめて君を疑った。君が私を殴ってくれなければ、私は君と抱擁できない。」

2人の抱擁に感動し、王様は心を入れ替えます。「人を信じることができない」と言って村人をむやみに殺してきた王様が、信じることの尊さを知るのです。

『走れメロス』は、中学校の教科書にも掲載されていますし、読んだことのある人が多いのではないでしょうか。「友情の大切さを学んだ」「感動した」などという感想をよく聞きます。

シンプルなお話なんですが、もとになったシラーの『人質』を読むと、二つの作品は〝ほぼ一緒〟。

これは僕の想像ですが、意図的に〝完コピ〟のように仕上げたような気がするんです。代表作『人間失格』で見られるように、人間の負の側面も執拗に描くのが太宰です。そんな太宰が、単純な友情物語を描くとは思えません。

あえて、太宰がこの時代に『走れメロス』を出版した理由は何だったのでしょうか。

太宰は、戦争に突き進んでいく日本を皮肉ったのではないか。

僕は、この作品は時代への大いなる皮肉だったのではないかと思っています。

『走れメロス』が書かれたのは、太平洋戦争が始まる直前の昭和15年（1940年）でした。ドイツがフランスやベルギーに侵攻し、日本では「ぜいたくは敵だ」というスローガンが掲げられていた時代です。世間には何だかきな臭いような、危うい気配が漂っていたのだと想像します。

想像の域を出ませんが、太宰は死を覚悟して戦地に送り込まれていく兵士たちのピュアさを、諦めるような気持ちで眺めていたのではないでしょうか。

戦争という理不尽極まりない状況に、あまりにまっすぐな気持ちで突っ込んでいく兵士たち。それは、親友の命を救い、自らは処刑されるためにひたすら走るメロスとどこか似ていますよね。妄信的というか、刹那的というか。

それと同時に太宰は、ピュアな兵士たちに憧れのようなものを抱いていた気がします。強靭な肉体と精神をもって、とにかくひたすら突き進むメロス。彼の「やりきる力」にどこか羨望の眼差しを向けているように僕には思えます。

やりきる力を支えるのは結局、強靭な体力と精神力。

それにしても、メロス個人の「やりきる力」ってすごいですよね。

考えなしに城に乗り込んだり、親友を人質として差し出したりと、冷静に読むと色々ツッコミどころが満載。妹の結婚式では王との約束のことを一瞬忘れてしまったり、次の日は寝過ごしてしまったり、途中でのんびり歩きだし歌まで歌い出したりするなど、油断している部分も大いにある。それでも「とにかくたどり着く」ということは諦めず、やりきってしまいました。

面白いのは、メロスが走った理由は、メロス本人にも何だかよくわかっていないということ。

もうどうせ間に合わない、と村人に止められた時も「私は、なんだか、もっと恐ろしく大きいものの為に走っているのだ」と力説し、とにかく処刑台を目指しています。

セリヌンティウスの命のためではありません。妹のためでもありません。自分のためですらありません。この「なんだか恐ろしく大きいもの」は頭で理解できるような理屈ではなく、メロスをとりまくすべてであり、戦争に向かう当時の日本の状況そのものです。

自分を突き動かす理由が分からないのに、とにかく最後までやりきるメロスは凄い。気迫があります。

僕が思うに、こうして偉業を成し遂げるためにはメロスのように強靭で健康な肉体（と精神）が不可欠です。

ホストにも、身体を鍛えているやつがいます。意外かもしれませんが、健康に気をつけている人も多いです。そして、売れるホストほど早起きで健康でもあります（僕は、昔ながらの水商売の人間で、自堕落であることが無頼の価値であると思っているので、不健康な生活を送っているのですが……）。

メロスは、すごく健康ですよね。必死に走って村にたどり着いて、妹に結婚式を挙げさせて、疲労困憊だったのに、一晩寝るとすぐ元気になっています。文句を言いながらも、途中で何をしていようと、ちゃんと結果にコミットして、やりきる。それを支えるのは、強い身体と精神である。何だかバカっぽいですが、こんな当たり前のことを再認識させられてしまいました。

結果より過程を大事にする。それがサステイナビリティ。

ホスト業界にも、結果にコミットするだけの人はいます。「とにかく、売れればいいんでしょ」というタイプです。

これは、一般的にホスト業界では月ごとの「売上ランキング」だけに注目が集まりがちだからかもしれません。そういう環境であれば、どうしても「売り上げてんだからいいだろ」という人が出てくるのも仕方ありません。

そこで僕たちの会社では、かなり細かい評価システムをつくっています。「何人のお客様から指名されたか」「初指名された回数は何回か」など色々な指標を集計し、ポイント化して月ごとに集計。これによって、コンスタントに売上をあげているホストが評価されるようにしているんです。

1日で1000万円売り上げるよりも、毎日30万円ずつ売り上げてもらったほうが本人にとってリスクヘッジになるし、お店の雰囲気にとってもいい。部下たちには、しっかりKPIを設定し「結果より過程」を重視することで、成功の再現性を身につけて欲しいと思っているのです。

結果にコミットするメロスは、僕たちと逆のタイプ。コツコツ毎日積み上げなくても、一発逆転満塁ホームランを打てる気力と体力を備えています。その強さは羨ましいし、憧れもあるけれど、僕にはメロスのような〝ナチュラルボーン鉄人〟の真似はできません。それにマッチョイズムは、みんなが身につけられるものでも、身につけるべきものでもないと思います。

では、僕たちはどうすればいいのでしょう。

マッチョイズムよりも大切な「待つ力」。弱さを認めてヒーローになろう。

僕は、メロスの親友であるセリヌンティウスに注目しました。

突然ですが、あなたは人生で「待つ」という経験をどれぐらいしたことがありますか。
僕は現役のホスト時代、現金2000万円の支払いを待つという経験をしたことがあります。

ホストクラブには「売掛（つけ）で飲む」という文化があります。お客様に「つけ」で飲んでいただいた場合、もしも後日、お客様からお金を回収出来なければ、ホスト自身が原則そのお金を支払わなくてはなりません。リスクは怖いけど、売上は積みたい、というのがホストの本音。

僕は、まだ駆け出しの新人のころ、出会って間もないお客様から「今日はたくさん飲みたい気分」と言われ、注文されるままにどんどん高額なオーダーを受け付けてしまったことがあります。周りの空気に流されてしまった部分もあり、お客様の懐事情に思い至る余裕もありませんでした。

そして、お会計のときに「つけで」と言われてしまいました。金額はなんと、200万円。「後でちゃんとお金持ってくるからね」という言葉をあとに、そのお客様は去っていきました。

それから数週間――。僕はただずっと彼女を待ちました。メールもまだ無い時代。催促の電話も無粋だからしたくない。できることは何もありません。しかし万が一のことがあっても、立て替える能力もない。ただひたすら待つのみです。

そして運命の時がやってきました。月1回の売上ランキングが決まる「締め切り」の日です……。

締め切り間際、わずか20分前にそのお客様が200万円を持ってお店に現れました。その瞬間のことは、今でもよく覚えています。彼女がとてもキラキラして見えました。まさにメロスが走って帰ってくるのを待った、親友のセリヌンティウスの気分です。「もしかしたら来ないかも……」と疑ってしまった自分を恥じたりもしたものです。

彼女から放たれた輝きは、僕がただひたすら待っていたからこそ、見えたものだと思います。彼女が現れたことで、僕は待っていた期間の自分の弱い心や葛藤を素直に受け入れられました。同時に、彼女を信じた僕自身を肯定することができた。

相手に100%依存することで、自分の心模様があらわになった。そういう経験でした。セリヌンティウスもこういう気持ちだったんでしょうね。

ホストが待つのは入金日の「つけ」だけではありません。そもそもホストというのは、いつでも待っているんです。水商売の業界には「〝明日〟と〝お化け〟は見たことがない」という言葉があります。これは、「明日行くね」というお客様の姿は、お化けと同じくらい、実際には見ることがないという意味です。

僕たちは毎日毎日スマホとにらめっこして、午前一時までお客様を待っている。お化けを待つような気持ちで。

セリヌンティウスは、「3日後に戻ってくるね」といったメロスを信じたんですから、すごい胆力ですね。きっといいホストになると思います。相手を信じるところに結果がついてくるというのがすごくホストっぽい。

「待つ」というのは、相手を信じること。そして相手を信じた「自分」を信じること。報われることもあれば、裏切られてしまうこともあるけれど、結果は実はどうでもいいのかもしれませんね。「待つ」ことで、自分の弱さとじっと向き合う。

相手を急かすのではなく、待つ努力をせよ。そして、待つことで自分の弱さを直視せよ。

このメッセージこそ、100年後の今を生きる僕たちが太宰から受け取ることのできるギフトなのかもしれません。

そういえば、僕も最近、そうやって必死になって誰かを待ったり、誰かのために走ったりしてないですね。太宰と同じく今は、どこかでメロスたちをうらやましいと思っているような気がします。

13章

西原理恵子『ぼくんち』

痛々しくて優しい人たちが許しあう
ための、これからの「聖書」。

あらすじ

『ぼくんち』

舞台は、山と海しかない田舎町。端っこにいくほどどんどん貧乏になっていくこの町で、一番貧乏な家に住んでいるのが「ぼく（二太）」と腹違いの兄・一太だ。父は元々いないし、母は買い物に行くと言って出かけたきり帰ってこない。しかしある日、母が離れて暮らしていた姉のかの子を連れて帰ってきた。母はまた、すぐにいなくなってしまうが、3人はたくましく身を寄せ合って暮らす。薬物、暴力、貧困――。問題ばかりの町で「ぼく」はどんな風に成長するのか。

1995年から1998年にかけて小学館『ビッグコミックスピリッツ』に連載。1997年には第43回文藝春秋漫画賞を受賞。観月ありさ主演で映画化もされた。

著者

西原理恵子

1964年、高知県生まれ。武蔵野美術大学造形学部卒業。1988年、『ちくろ幼稚園』でデビュー。自身の作品について「現実はキッチリ描くけど、最後はちょっとだけ笑っていただけるところがある」と語っている。主な作品に『毎日かあさん』『女の子ものがたり』『パーマネント野ばら』など。

最悪の最悪よりマシ。だから笑って生きられる。

初めてこの漫画を読んだ時、僕は、何回も泣きました。漫画家の西原《さいばら》理恵子さんが描いた『ぼくんち』という作品です。1話、見開き2ページで、登場人物たちの日常生活が淡々と切り取られていきます。『ビッグコミックスピリッツ』（小学館）で連載されていたこの作品は、観月ありささん、真木蔵人《くろうど》さん、今田耕司さんらが出演して映画化（阪本順治監督）もされました。

この漫画は、漂白されていくこの世界の中で、だんだん息をしにくくなっている僕たちを救う、新たな「聖書」だと思います。

物語の舞台は、売春、薬物売買、暴力が日常的に溢れる貧しい街。そこに暮らす父親違いの兄弟、一太《いちた》・二太《にた》は、さらに父親の違う姉・かの子と暮らしています。

かの子は面倒見のいい姉で、弟たちを食べさせるために風俗嬢として働いて、家では掃除洗濯などすべての家事をこなします。金もない、人権もほとんどない、地獄のような生活にも見えますが、まるで笑顔が顔に張り付いたように、いつもニコニコ笑っているかの子。ある日、二太が「ねえちゃんはどうしていつも笑うの？」とたずねると、かの子は答えます。人生で一番いやだと思うことを想像してみて、今そうなってない。「だから笑えるんやん」と。

娘に違法な賭博行為を手伝わせる父親、薬物を売って生計を立てるチンピラ、「ポン引き」と売春婦の夫婦、いつもＤＶ男に惚れてしまう飲み屋のお姉さん……。

『ぼくんち』に出てくる人たちは、世間一般の常識に照らし合わせると、責められても仕方ないことをしているけれど、独特の優しさがある。そういう優しさに助けられて、僕も水商売を続けてこられたなぁって気がするんです。

もしかしたら多くの人にとって縁遠い存在に映るかもしれないけれど、19歳から水商売の世界で生きてきた僕にとっては、ものすごくリアリティのある登場人物が多く、当時分からなかったそういう人たちの心の内に触れられて胸が締めつけられる思いがしました。

歌舞伎町にも、〝黒い〟お金で、親に一生懸命仕送りを続けているような、チグハグなヤツがいっぱいいるから。

もちろん、違法な薬物使用や暴力は絶対に許してはならない行為です。でも、明らかにダメなことをしている人間の中に、思いやりや正義感が覗けるから、ハッとさせられる。

この本の中で、何度か言ってきたことですが、僕は常日頃から、「世の中には100％正しい人もいなければ100％悪人もいない」と思っています。ある一部分では暴力的だけど、別の一部分ではすごく優しい。そういうのが人間っぽくて僕は好きだし、そういうスタンスで他人と接することができた方が、楽だと思うんですよ。

「だから笑えるやん」というかの子のセリフが全てです。あーだこーだと解説するのは野暮だと思うから、とにかく読んでほしい。そんな漫画です。

見ようとしていないだけで「マイノリティ」は、周りにたくさんいる。

今、世間ではマイノリティと呼ばれる人たちが、自分たちの権利を獲得するために声をあげています。性的マイノリティの方たちをさす「ＬＧＢＴＱ」という言葉も数年前に比べるとかなり多くの人に知られるようになったのではないでしょうか。

障がい者もそうです。以前は「健常者とは違う、かわいそうな存在」と見られてきた人たちが、「劣っているのではなく、単に違っている」という立場をはっきりと示し始めてきた感じがします。

こうした変化を僕も応援しているし、全ての人が当たり前の権利を保証されて、当たり前に堂々と生きられる社会が理想的だと考えています。

そんな時代だからこそ、改めて注目したいのが『ぼくんち』なんです。

この漫画に出てくる「ちょっとおかしい人たち」というのは、ノーマルとアブノーマルの間で、あるいはセーフとアウトの間で、誰にも見つからないで何とか生きている名前のない人たちだと思います。

鉄くずを集めているおじさんのナンセンスさとか、娼婦たちの妙な快活さとか、お金がないのに何人も何人も子供を作っているおばさんとか。自分の生活には関係ないって思うかもしれませんが、こういう〝隠れマイノリティ〟と、その生活の健気さ。実は会社にも友達にもたくさんいると思いませんか。そういう部分を見ないようにしているだけで。

耳がでかいギンちゃんの話。

話は変わりますが、僕が卒業した埼玉の中学は、だだっ広い田んぼの真ん中にある田舎の公立校。同級生の中には軽度の身体障がいや知的障がいのある子達が何人もいました。よく覚えているのは、耳がめちゃくちゃでかいギンちゃん（仮名）という子です。

彼は、ユニークで、発言や行動が変わっていました。そこが面白くて好きだったんです。修学旅行でも同じ班になったり、いっしょにバレーボール部にも入ったり、僕はよく彼の身の回りのサポートなどもしていました。つきあいがいいギンちゃんと一緒に、仲間たちとよく遊んでいたものです。

当時はかなり仲が良かったのに、卒業してからずいぶんギンちゃんには会っていませんでした。久しぶりに再会したのは、30歳の時の同窓会です。「ギンちゃん、生きてたんだ！　懐かしいなあ」と歩み寄る僕にギンちゃんは一言、「ごめん、覚えてない」。「ギンちゃん、いっぱい遊んだじゃん、バレーしたじゃん」と言っても全く僕のことを覚えてなくて、びっくりしました。

10年後、40歳の同窓会で僕はギンちゃんにまた再会。驚くことなかれ、ギンちゃんはまた僕の存在を忘れていました(笑)。同窓会は5次会まで続き、朝6時半にお開き。残ったのはたった5人でしたが、その中にギンちゃんもいました。彼は、コンビニの配送の仕事をしていて、かなりハードに働いていることを、誇らしく話していました。「仕事が忙しいんだ」「休みもないんだ」と忙しいアピールを連発するギンちゃんと、僕はその朝、LINEの連絡先を交換して別れました。

ギンちゃんがなぜ僕のことをすぐ忘れてしまうのか、実際のところはよくわかりません。もしかしたらちょっとした知的障がいかもしれないし、違うかもしれない。誰かに世話になってもすぐ忘れちゃうなんて、見ようによってはろくでもないヤツだし、ビジネスの世界で、大事な取引先だったりしたら一大事です。

ギンちゃんは、『ぼくんち』の世界の住人ほどエキセントリックじゃないかもしれないけれど、一般常識からは明らかにちょっとはみ出ています。

そして世の中には、みんなが思っているよりたくさん、ギンちゃんみたいなちょっと危ういヤツがいると思うんです。

自分にとっての「正しさ」や「正しくなさ」を疑い続けることでしか、優しい世界は作れない。

さて、舌の根も乾かぬうちに自己否定しますが、いま僕が使った「危うい」という言葉すらも、僕の中に無意識に染み込んでいる社会通念を反映したものであり、真実を語る言葉ではないと思います。

本当にギンちゃんは危ういのか？

知的障がい者はみんな、かわいそうなのか？

売春してたらみんな、下品なのか？

この漫画を読んでいると、こうした問いが頭をよぎり、よぎっては答えに詰まってしまう。自分たちが普段当たり前だと思っているモラルが崩れそうな感覚を覚えます。そしてその問いが重く心に残る。僕がこの作品を「新しい聖書」と呼びたいゆえんです。

モラルがゆらぐといえば、僕の大好きな大相撲。毎場所必ず、全ての取組を録画して見るぐらいファンなのですが、最近大相撲では、不祥事が相次いでいるイメージがあります。モンゴル出身力士同士の暴力事件や、行事のセクハラ・パワハラ、緊急時に女性が土俵に上がった時の「女性は降りてください」アナウンスなど、海外でも「ここが変だよ日本人」的なニュース、あるいは人権意識の遅れを指摘するニュースとして報じられています。

こうした出来事が起きるたびに、相撲ファンとしてショックを受けるとともに世間のニュースへの反応に、妙な違和感を覚えてしまいます。あえて批判を覚悟で言いますが、問題が起きた時だけこちら側のモラルを押し付けるのはどうなんだろう？　と思ってしまうんです。

幼い頃からたらふく食べさせられて、太っていれば太ってるほどいいと教育され、ふんどしひとつで人前に出させられて、毎日がんがん柱に頭をぶつけて、それをもてはやしてきたのは、外野の僕たちじゃないですか。

相撲は、数百年前からの伝統を受けつぎ、今の自分たちとズレた価値観があるからこそ成立している世界です。だからこそ僕たちも面白がって見ていたはずなのに、何か問題が起きると急に、自分たちと同じ常識を彼らに要求する。

僕は、すべてのコミュニティを、自分の倫理観で成敗しようとする態度は、やっぱりおかしいと思うんです。自分にとっての「正しさ」は、誰かにとってはそうじゃないかもしれない。そうやって、自分の足元を常に疑う。それしか優しい世界を作る方法ってないんじゃないかなと思います。

もちろん相撲は変わらないといけないところもたくさんありますし、人権上の問題も多い。でもあえて「ズレた」世界を生き抜く彼らの存在意義についても改めて考えてみたいと思います。

時には、目をつぶってもいい。自分には見たくないものがある、と気づくことができるから。

見ないふりをしてるだけで、ちょっとしたはぐれ者はたくさんいる。自分にとって「はぐれて」見えることが、他の誰かにとっては当たり前の暮らしの営みかもしれない。それを知るだけで、世界の見え方は一変します。

僕は、どんなものにも決して目を背けずに全てを受け入れろ、と言っているわけではありません。この世界のどこかに、自分とは相容《い》れない人がいると知っているだけでいい。

漫画の中に、二太の幼馴染で「さおりちゃん」という女の子がたびたび登場します。さおりちゃんの父親は、酒とクスリまみれ。さおりちゃんに暴力を振るうわ、家を勝手に飛び出すわ、犯罪に荷担させるわ、本当にロクデモナイ父親です。

ある日、二太がさおりちゃんのうちを訪ねると、家財道具がぐちゃぐちゃに散乱した状況の中で、さおりちゃんが目をつぶって横になっていました。

「その声は二太かあー。なんや、せっかくええ夢みとったのに。」とさおりちゃん。続けて彼女は言います。「ええか、うちは目えあけんで。あけたら現実を見んとあかんやろ。」

僕はこのセリフを読んだとき、思わず本を閉じ、目をつぶって思いにふけってしまいました。

そして、逆説的ではありますが、「目をつぶる」ということを覚えて初めて、この宇宙のどこかに、自分と違う人がいると受け入れられるのではないかと思ったんです。

世の中を生き抜くファーストステップとして、まず目をつぶるということを前向きに生活の中に取り入れたっていいんじゃないか。

そりゃあ正論を振りかざすなら、「目を開けろ！　現実から目を背けるな！　乗り越えろ！　前に進んでいけ！」です。

でも、見たくないものにも全部、真っ正面から向き合わないといけないなんて、誰が決めたんでしょうか。自分は見たくないものがある、と気づくだけでもまずは十分。僕はそう思います。

これは特定の誰かへの愛情だって同じです。誰かを愛する時、その人を１００％愛さなくてもいい。どうしても相容れない部分もあるけれど、部分的に許したり、部分的に認めたりするのが、自然な姿じゃないかと思うんです。

さおりちゃんの父親は、ほどなくしてクスリのやりすぎで死にます。「せいせいした」というような顔を見せたかと思えば、次のコマでは、ショックで食べ物の味がわからなくなっているる自分に首をかしげるさおりちゃん。

「好きだ」という気持ちや「憎い」という気持ちは、つくづく複雑でいい加減だと気付かされます。そこに気づいた瞬間、誰かと生きていくことが少し、気楽になるんじゃないかなと思うんです。


たまには目をつぶりましょう。

見たくないものを見たくないと受け止め、世の中には見たくないものがあるんだ、と心の片隅にメモしましょう。

たまには目をつぶってしまった方が、大事な時にぐっと目を開くことができるような気もします。

さおりちゃんをはじめとする『ぼくんち』の登場人物たちは僕に、そんなことを教えてくれました。


さて、耳の大きなギンちゃんですが、どうせまた僕のことを忘れてるだろうな、と思ったのですが先日ＬＩＮＥがきました。

「新宿に立ち寄りました。お店にいますか？」

「既読になりませんね。忙しいでしょうか？」

「今日は会えずで残念でした、また新宿に配送で寄る時は連絡します」

ギンちゃんとともに生きているこの世界が、やっぱり僕は愛おしい。

書を捨てよ、街に出よう

素晴らしい文章に対して、内容だけに注力して斜めから読むようなことをして、すいません。

文学を真剣に研究している人、文学が大好きな人からすれば、スープの表面をちょろっと啜って偉そうに語るエセ料理評論家のように陳腐に思えたでしょう。

僕は本が好きです。でも読むのは遅いし、難解な文章は全然読めません。

でも、それが今、楽しいんです。

もし若い時に、この魅力にどっぷりハマってしまっていたら、僕は、めくるめく空想の世界の中の住人になってしまっていたかもしれない。

でも、僕は、知らない世界に飛び込んで揉まれる時間を選んだ。

リアルな魅力にはかなわなかった。


若い時に沢山本を読めといいますが、僕は大人になってから読書すれば良いと思っています。

本を読めば、経験したことがないことを知れる。

いや、経験した方がいい。


読書は人生の答え合わせでいいと思っている。

真剣でダサい高校生に戻れる。

自分勝手な20代に戻れる。

女性のプロだなんて、驕っていた時代に戻れる。

取り戻せない時間。取り戻せない人。胸が締め付けられる。

でも、取り戻せない自分はない。

過去は反芻して、反芻して、背負って、今を生きればいいのだ。

*

人生とは面白い。本の読み方に関する書籍を僕が作ることになるなんて、一度も想像してみなかった。本屋をやることだって、そもそもホストクラブをやることだって、10代の僕は想像もしていなかった。だから面白い。

この本を作るきっかけになったのはハフポスト日本版の南麻理江さんと出会った時に、「あなたたちみたいキラキラ女子たちが女性全般を生きづらくさせているんですよ！」と酔って言うと「どうしててですか！」と反論され、ちょっとした言い合いになって。

なのに、この書評連載をすることになって。毎週のように、本を片手に、ほとんど本から脱線した、世の中の文句を言いあって。たまに手土産を持って竹下隆一郎編集長が加わって、ますます脱線して。

連載を書籍として出版することになって、ディスカヴァー・トゥエンティワンの林拓馬さんも加わり、ますます混迷しだし、それぞれの思いが交差しながら、どうにかここまで来た。みんな熱くて大好きだ。

思い通りにならないから、チーム戦って面白い。だから僕はチーム戦が好きだ。

外に出たからこその経験だと思う。

＊

最後に。

この本を最後まで読んだくださった優しい方たちには、どうか、本がもたらしてくれる「人生の答え合わせ」を楽しんでほしい、と願う。

人生100年。成長することもいい、吸収していくこともいい、金儲けも最高だ。

しかしながら最後の最後で、自分の人生にハナマルをつけてあげるべき人物は自分だ、ということを心に留めたいと思う。人生に読書の愉しみを。

ちなみに『書を捨てよ、町へ出よう』も僕は読み切っていません。ちゃんちゃん。

２０１９年4月　手塚マキ

ハ　フ　ポ　ス　ト　ブ　ッ　ク　ス

ここから会話を始めよう

世界では「分断」が起きている、といわれています。
だが、本当でしょうか。

人は本当に排他的で、偏屈になっているのでしょうか。

家族の間で、学校で、オフィスで、そして国際社会で。さまざまな世間でルールが大きく変わるなか、多くの人は、ごく一部の対立に戸惑い、静かに立ち止まっているだけなのではないのでしょうか。

インターネットメディアのハフポスト日本版と、出版社のディスカヴァー・トゥエンティワンがともにつくる新シリーズ「ハフポストブックス」。
立場や考えが違う人同士が、「このテーマだったらいっしょに話し合いたい」と思えるような、会話のきっかけとなる本をお届けしていきます。

本をもとに、これまでだったら決して接点を持ちそうになかった人びとが、ネット上で語り合う。読者同士、作り手と読者、書き手同士が、会話を始める。議論が起こる。共感が広がる。自分の中の無関心の壁を超える。

そして、ネットを超えて、実際に出会っていく。意見が違ったままでも一緒にいられることを知る。

それは、本というものの新しいあり方であり、新しい時代の仲間づくりです。
世界から「分断」という幻想の壁を消去し、私たち自身の中にある壁を超え、知らなかった優しい自分と、リアルな関わりの可能性を広げていく試みです。

まずは、あなたと会話を始めたい。

2019年4月

ハフポスト日本版編集長　竹下隆一郎
ディスカヴァー・トゥエンティワン取締役社長　干場弓子

ハフポストブックス

裏・読書

発行日　2019年　4月20日　第1刷
　　　　2019年　4月22日　第2刷

Author　手塚マキ

Photographer　小澤明子
Book Designer　佐藤亜沙美

Publication　株式会社ディスカヴァー・トゥエンティワン
〒102-0093　東京都千代田区平河町2-16-1 平河町森タワー 11F
TEL　03-3237-8321（代表）03-3237-8345（営業）　FAX　03-3237-8323
http://www.d21.co.jp

Publisher　干場弓子
Editor　大竹朝子　林拓馬
編集協力：南麻理江（ハフポスト日本版）

Marketing Group
Staff　清水達也　井筒浩　千葉潤子　飯田智樹　佐藤昌幸　谷口奈緒美　古矢薫　蛯原昇
安永智洋　鍋田匠伴　榊原僚　佐竹祐哉　廣内悠理　梅本翔太　田中姫菜　橋本莉奈　川島理
庄司知世　谷中卓　小木曽礼丈　越野志絵良　佐々木玲奈　高橋雛乃　佐藤淳基　志摩晃司
井上竜之介　小山怜那　斎藤悠人　三角真穂　宮田有利子

Productive Group
Staff　藤田浩芳　千葉正幸　原典宏　林秀樹　三谷祐一　大山聡子　大竹朝子　堀部直人
林拓馬　松石悠　木下智尋　渡辺基志

Digital Group
Staff　伊藤光太郎　西川なつか　伊東佑真　牧野類　倉田華　高良彰子　岡本典子　三輪真也
阿奈美佳　早水真吾　榎本貴子

Global & Public Relations Group
Staff　郭迪　田中亜紀　杉田彰子　奥田千晶　連苑如　施華琴

Operations & Management & Accounting Group
Staff　松原史与志　中澤泰宏　小田孝文　小関勝則　山中麻吏　小田木もも　福田章平　池田望
福永友紀　石光まゆ子

Assistant Staff
俵敬子　町田加奈子　丸山香織　井澤徳子　藤井多穂子　藤井かおり　葛目美枝子　伊藤香
鈴木洋子　石橋佐知子　伊藤由美　畑野衣見　宮崎陽子　並木楓

Proofreader　株式会社鷗来堂
DTP　株式会社 RUHIA
Printing　大日本印刷株式会社

ISBN978-4-7993-2459-2